トップセールスは教えてくれなかった！

# 営業は台本が9割

加賀田裕之
Hiroyuki Kagata

きずな出版

はじめに――

# 自社商材を250万円で自腹買いしていたドン底営業マンが、トップセールスになれた理由

あなたにお会いできるこの瞬間を、私はずっと待っていました。
営業（セールス）のスキルアップに興味がある、もしくは、いまのつらい現状をなんとかしたくて、あなたは本書を手にとってくださったと思います。

**「営業力を上げたい！　もっと売上を上げたい！」**

こう思っていながら、やり方がわからず、苦労されているはずです。
もしかしたら、このようなつらい日々を過ごしているかもしれません。

・雨の中、一生懸命訪問したのに、営業先から「営業マンか。来るなよ！」と蔑まれ、凹む

日々。

・同期で入ってきた仲間に営業成績で抜かされ、しまいには後輩にも抜かされ、とても悔しくて、何気なく入った書店で棚に並んでいる営業指南本を立ち読みする日々。

・いつもあと一歩で成約できない。そんなことの繰り返し。上司にどなられ、追い詰められ、会社に帰りづらい日々。

・「自分の売っている商品は、本当に売れる商品なのだろうか?」と、営業に自信がなくなり、自社の商品を信頼できなくなっている。

・売れている先輩に相談しても、「なんとなくやってたら、売れちゃうんだよね」と、売り方を隠して、教えてくれない。

・上司の指導は「営業はセンスだ!」とか「ちゃんとやれ!」とか「営業は気合だ!」とか、いわゆる3K(気合・根性・カン)の指導で、まったく参考にならない。

そんなあなたに私が伝えたいのは、このひと言。

## 「大丈夫です」

私も、同じような苦しみを味わい、克服してきました。

**それには「営業台本」を作成して、自分のものにするのが最短最速です。**

最新の購買心理を用い、自然にお客様の「欲しい！」を引き出す「売れる営業台本」を作成し、体得できれば、見違えるほどセールスの結果が出ます。

ゴリ押しの営業とも無縁の、お客様に感謝される営業が身につくのです。

そうしたセールス手法に興味はわきませんか？


申し遅れました。私、加賀田裕之は「台本営業®」を通して、多くの営業マンの成績アップの支援をしている営業教育のプロです。

少し私の自己紹介をさせていただくと、最初に営業を経験したのが年商１００億円以上、当時の日本最大の自己啓発企業に転職したときです。

**最初の3～6か月くらいはまったく売上が上がらず、自社で販売している２５０万円の商材を、5年ローンで、自分で買うほど苦労していました。**

しかし、あるときトップセールスに可愛がられて営業に同行させてもらったことで、運命が変わりました。そこで「ある秘訣」を知ったところから、50～２５０万円の商材を営業する営業マン約400人のなかで、トップセールスになったのです。

さらに、営業マネジャーとしての実績を認められ、新規事業部責任者として、初年度年商1億円へと成長させることに成功しました。営業台本（トークスクリプト）を基にした営業教育に成功したのです。

その後、転職した大手結婚情報サービスでは「成婚の神様」と呼ばれました。顧客となっていただいた会員様にコミュニケーション力を教育することで、成婚率（結婚率）を劇的に高めることに成功したからです。

次に、尊敬する元上司が立ち上げた日本最大のビジネス心理教育会社で、マーケティング・セールス及びNLPトレーナーとして、営業スキルを心理学的観点から「体系化」することに成功しました。

最後に、IT企業で営業マネジャーとして、倒産寸前からV字回復に成功。たった半年間で8000万円／月から1・5億円／月（年商20億円）へと回復。部下100名の事業部長として、営業教育に成功しました。
**わかりやすい例を挙げると、23歳、茶髪の元フリーターを、電話だけで月1億円超売るトップセールスにする教育に成功したこともあります。**

この「営業台本」を使って、複数の業界で結果を出し、また台本営業®メソッドを用いて部下の育成指導でも結果を出し、いまでは「数十円のお茶から、数十億円の太陽光発電所まで」を売らせる台本営業®コンサルタントとして活動しています。

さて、ここで質問です。

## 「あなたは、営業について体系的に学んだことはありますか？」

たしかに、マーケティングや接客を学ぶ機会は多くあります。
でも、営業こそ教育が必要なのに、その機会は少ない現状にあります。結果、自己流や見よう見まねで営業している人が多く、結果が出ないことが圧倒的に多いのです。

これでは、意欲があっても結果には結び付きづらいのは当たり前です。

ダイエットを例にとるとわかりやすいです。

私が実際に体験したことですが、ダイエット目的でジムに入会しようとしたときの面談で、筋肉ムキムキのインストラクターに「どうしたら痩せると思いますか？」と尋ねられました。筋肉ムキムキのインストラクターだったので「筋トレだと思います」と答えたのですが、なんとそのトレーナーは、「食事が9割、筋トレ1割です」と答えたのです。とても驚きました。しかし、その答えこそが真理だとわかったので、早速入会しました。

**これは営業にもあてはまる話で、じつは「営業の秘訣の9割は営業台本」なのです。**

何が言いたいかというと、ダイエットも営業も、その道のプロが大事にしていることと一般の人がイメージで考えていることには、大きな差があるということです。

間違った方法でダイエットをしても成功しないように、間違った営業の方法で成績は上がりません。あなたの結果が出ていないということは、**ズバリ「営業台本」ができていないから**なのです。

本書でお伝えすることとは、営業教育のプロである私が台本営業®セミナーを通して教えている営業のキモ、つまり営業台本の作成とブラッシュアップの知識です。

**営業台本とは「購買心理に基づき、お客様の『欲しい!』を自然に引き出すプレゼン(商談)の脚本」のことです。**お客様の「欲しい」「買いたい」を無理なく引き出せる再現性の高いノウハウさえあれば、10人の見込み客のうち、最大8人の成約も可能なのです。

たとえば先ほどチラッと書いた、茶髪23歳の元フリーターを数か月で月1億円売るまでに教育したときの話をします。

彼が入社したときは23歳。前職はファミレスのアルバイト。高卒、社会人経験もなし、ただの兄ちゃんでした。

最初、私は「こんなヤツを教育するの大変だ!」と、正直落ち込んでいました。

ただし、彼は営業未経験だったので、とても素直でした。彼は与えられた営業台本を必死になって一言一句暗記し、そして営業台本を繰り返しました。

彼は、私の教えたことを誰よりも愚直に繰り返し、誰よりも実践したのです。

あとでわかったのですが、親が破産し、妹の教育費などが必要で、彼にはお金を稼がなければならない理由があったのです。

なまじ営業経験がある者や素直でない人間は、営業台本通りやらず、売れなくて辞めていきます。しかし、彼はとにかく素直。

あっという間にトップセールスになり、月に1億円売る営業マンになっていきました。

とにかく素直で営業台本通りにする基本の徹底と、案件毎に商談を振り返り「営業台本をバージョンアップする改善のスピードが速かった」のが勝因でしょう。

トップセールスになる秘訣は、

**（1）「営業台本」の徹底活用**

**（2）「営業台本」を商談ごとに改善し、バージョンアップする**

ことなのです。

これが茶髪23歳、社会人経験なし、元フリーターが、入社数か月で月1億円以上売るようになった秘訣です。台本営業®を身につけたら、誰でも無理なく成約率が上がるのです。

では、なぜ営業台本があると誰でも結果が出るのか？

**まず、商談の準備が完璧に終わっている状態なので、その場かぎりでなく営業マン主導で商談（プレゼン）を進められるからです。**

しかも、その営業台本は過去の成功や失敗を経てブラッシュアップされているので、より成果の出やすいものになっています。これが営業台本のない商談だと、失敗をしても改善がないので、同じ失敗を犯しがちになります。

**そしてなにより私、加賀田裕之の真骨頂である「ニーズの深掘り」を営業台本に盛り込むことで、圧倒的な成約率向上を実現できるからです。**

なぜなら「ニーズの深掘り」こそ、ほとんどのトップセールスが（自分では気づかずに）使いこなしているセールスのキモだからです。内容については本論でご紹介します。

つまり、本書であなたの営業台本づくりを学ぶと同時に、トップセールスが知らずに実践している営業手法のキモまで取り入れることが可能になります。
どうでしょう。ワクワクしませんか？
できあがった営業台本は、あなたの最高の営業の武器になります。
では、これから、最高の武器を一緒につくりましょう！

# 台本営業® 推薦の声

**株式会社くるまのミツクニ　会長　早川様**

「自動車販売経験のない25歳の女性社員が、いまでは月に25台のクルマを売るスーパーセールスに大変身！　ごく普通の彼女が実践したのは、たったひとつの加賀田メソッドだった！」

**FUNTRE株式会社　代表取締役社長　谷田部敦様**

「これまでたくさんの営業メソッドを実践しましたが、加賀田先生のメソッドはナンバー1で、圧倒的に効果が出ました」

**株式会社セラピストプラネット　代表取締役　小樋将太郎様**

「加賀田先生の営業メソッドを実践すれば、現場での成果が大きく変わります。私自身も、高額商品の成約率が30％から70％に変わりました！」

**一般社団法人日本パーソナルコーディネーター協会　理事長　井上史珠佳様**

「セールスが苦手でしたが、加賀田先生のシナリオのおかげで成約率が3倍になりました！」

**歯科医院　院長　三浦様**

「加賀田先生のご指導を受けてから、売上トップをキープし続け、医療法人分院長の座を勝ち取りました！　人生、変わります！」

**国内生保営業　佐藤様（営業2年目）**

「加賀田先生は、絶望から明るい未来へ導く営業のスーパーマン。成果が上がらず、お世話になって3か月。たったそれだけで、新しいお客様の数が東京で1000人中1位！　加賀田先生に教わらないなんて考えられない！」

**国内生保営業　黒羽様**

「加賀田先生のコンサルを受けていくうちに、効果は即、現れました。新しく着任した先で、一人で1億円の大台を突破（この数字は、地元の営業所20人規模で仕上げる数字です）したとき、本当にうれしかったです。勢いは止まらず、着任してわずか3か月で、年間予算を達成できたのも、加賀田メソッドのおかげです」

**台本営業® 推薦の声**

**外資系保険営業　伊藤様**

「いままで取れなかったアポが取れるようになり、商談という土俵にすんなり上がれるようになりました。それから、商談の台本をいろいろつくっては試し、修正しては試しで、成約率90%、売上2倍になり、3か月の売上が全国20位以内で、東京本社に招待されました！　言いたいことはたくさんありますが、とにかく営業が嫌いだった私が、毎日楽しくなるくらいの神メソッドです！」

**外資系保険営業　木原様**

「加賀田先生のメソッドは営業の根底で大切な、顧客心理を包み込む礎です。この学びのおかげで、無理な『売り』にならず、成約率が2倍以上になりました」

**外資系営業　佐々木様**

「セールスにおける、いろいろな悩み解決の糸口になりました。成約率が上がり、それに合わせて売上が2倍に！」

**外資系医療会社営業（MR）T様**

「加賀田メソッドをもとに戦略を構築し、期間・やるべきことを絞り戦術を立案し、大量行動の結果、全国3位、東京1位になりました！」

**人間ドック営業　K様**

「加賀田メソッドを学んで3か月で、昇給、お給料が人生初の大台に乗りました！　営業コンサルでは、営業スキルももちろん、人生を学んでいます！」

**司法書士　福池様**

「加賀田先生から、営業（セールス）だけでなく集客（マーケティング）についても教わっています。ホームページのセミナー集客から顧客化の仕組みを構築し、売上が2倍にアップしました！　本当に感謝しかありません！」

**不動産仲介業　山口様**

「いままで、チラシの反響率5000枚で1件、成約率が30％でした。加賀田メソッドで購買心理に基づく手書きチラシに変えたところ、2000枚で1件の反響率！　成約率が100％になりました。月2〜3件成約が上がったので、チラシの配布自体も楽しくなりました。新しい部署の立ち上げなど、次のステップアップへのチャレンジ意欲が高まりました」

**不動産仲介業　五十嵐様**

「不動産営業がまったくの素人（1年目）で、個人宅への飛び込み営業をすることになり、ネットでいろいろと調べて加賀田先生に教えを請いました。その結果、即2棟の契約（2300万円と3200万円）が決まりました！　加賀田先生の教えはすごいです！」

**育毛サロン経営　牧原様**

「加賀田先生に教えていただいたこと（来店前に人間関係を構築するための質問メールを作成して、お客様のニーズを把握することができたこと）をそのまま真似しただけで、商談時には強固な人間関係がつくれて、成約率25％から90％になりました！　売り上げも3倍になり、私自身も気持ちに余裕ができました！」

**国内生保営業所長　S様**

「営業未経験から、3年目で営業所長になりました。営業が初めてだったので、提案しても成立せず、クレーム対応で落ち込んでいる日々でした。先生から購買心理に基づくスキルを教えていただき、契約数が上がり、クレームが怖くなくなりました。加賀田先生は、私を地獄から天国へ救ってくれました！」

**リフォーム店経営　後藤様**

「そもそもクロージングができず、せっかくの見積もりもポスト投函でほったらかしでした。

## 台本営業®推薦の声

台本営業®メソッドを学び、成約率は40％から80％へ！　売上も１２０％増です！　加賀田先生のメソッドは効果抜群です！」

### 整体院経営　秋葉様

「いままで行き当たりバッタリで不安だったのが、購買心理からカウンセリング台本を作成できて、相手の『欲しい！』を引き出すことができるようになった。必要なことを聞き出して、必要なことを論理的に提案できるようになりました。その結果、売上が１２０％になりました」

# 営業は台本が9割　もくじ

序章

# なぜ、いつまでたっても売れないのか？

第1章

# 台本営業®を成功に導く5つのステップ

第2章

## あなただけの営業台本をつくろう



第3章

## 台本営業® ステップ1「人間関係構築」

## 第4章

# 台本営業®ステップ2「ニーズの深掘りとウォンツアップ」

# 第5章

# 台本営業®ステップ3「商品説明」

第6章

# 台本営業®ステップ4「クロージング」

第7章

# 台本営業®ステップ5「反論解決」

# 序章

# なぜ、いつまでたっても売れないのか?

# あなたの営業の悩みは何ですか？

この書籍は、「読んでよかった！」と思ってもらうのが目的ではありません。
具体的に成果を出していただきたいのです。
ですので、いきなりですが次の質問にお答えください。

**「営業について、どのような悩みがありますか？」**

この本を手に取ったあなたは、さまざまな営業に関する悩みを抱えていると思います。
たとえば、

「営業って売り込むことなんでしょ？　なんか嫌だな」

「欲しがってもいないし、お金もないような人に対して売り込んだら迷惑なんじゃないかな、嫌われたり、嫌がられるんじゃないかな」

「そもそも完璧な商品じゃないと売る価値がないんじゃないか。自信がない」

「お客様を見つけられない」

「テレアポの方法がわからない」

「アプローチを、どうしたらいいのかわからない」

「説明に疲れてしまう」

「『考えておくよ』と検討になってしまって、反論を切り返せない」


など、たくさんあるかもしれません。

**それもそのはず、高校や専門学校、大学や大学院（MBA）でマーケティングを教えてくれるところはあっても、営業（セールス）を体系的に教えるところはありません。**

だから迷ったり、苦しんでいる方が多いのです。


あなたが、経営者（幹部）ならば、このような悩みをお持ちではありませんか？

「トップセールスは売れるけれど、新人がまったく売れない」
「自分は売れるけれど、感覚で営業をやっていたので、説明できない」
「じつは経営者の私が営業出身ではないので、営業の説明が下手」
「強引なクロージングで地元に悪い噂が立ってしまうのが怖い」

経営者には、経営者の仕事があります。

ですから、トップセールスに対し「部下を理論的に指導」したり、「売れる営業台本（トークスクリプト）を作成」したり、「ロープレで訓練」してほしい……のにしてくれない。そのような悩みがあるかもしれません。

また、経営者（幹部）は「営業教育は、外部の信頼できる実績のある営業教育のプロにお願いしたい！」と考える方が多い。ご自分は経営者（幹部）の仕事に集中するためです。

まずは、ご自分の営業の悩みを明確にするところから始めましょう。

# 「3K」の営業指導では売れない

営業指導の3Kとは「気合・根性・カン」のことです。


**「本気でやってるの？（気合）」**

**「お前なら、できる！（根性）」**

**「営業はセンスだ！ 営業は人間力だ！（カン）」**


あなたは、非論理的で体系化されていない3Kの指導に不満を持っていませんか？

いまでも忘れられませんが、営業職に転職したときの最初の上司から「営業は人間力だ！（ドヤ顔）」と言われて、「人間力って、どうやって鍛えたらいいの？」と、私は途方にくれたことがあります。

こういった3Kの営業指導は現在でも平気であって、「指導内容がわからなくて売れないのは、自分が悪いのかな？」と、新人営業マンは悩んでしまいがちです。

しかし、これはあなたが悪いのではありません。

たとえば、いきなり「飛行機を操縦してください！」と言われたら、できますか？　できませんよね。

**「日常会話」も「営業」も同じように口を使ってしゃべっているので、同じように考えてしまいがちですが、じつはまったく違うものなのです。**

私も営業会社に転職した当初、そういったくだらない3K（気合・根性・カン）の営業指導を受けていて、まったく売れずに途方にくれていました。

その後、あるきっかけから論理的に体系化されたノウハウを身につけて、売れるようになったのです。次に、そのお話しをさせてください。

# 営業成績が上がると、自分の人生の主導権が握れる

私は大学の法学部を卒業後、予備校での講師を経て、携帯電話事業者の教育コンサル会社で、ショップスタッフなどに教育研修を実施していました。

ずっと教育に携わってきた私ですが、

**「人生を生き延びていくには、営業力が必要だ！」**

との思いから、年商100億円超の自己啓発企業に、営業職として転職しました。

そこは世界最大の自己啓発会社ですから、さぞ営業教育もしっかりしているだろうと思って期待して入社しました。

でも実際には、体育会系の上司が「営業は人間力だ！」と抽象的な説教をするだけで、理論的なセールススキルを教えられることはありませんでした。

**「お客様の気持ちを理解するには、感覚が鋭くなければいけない。だから、歩くときの足の裏**

**を意識しろ!」という、非論理的で再現性のないアドバイスもありました。**

その結果、1か月、2か月とまったく売れない日々が続き、上司からは罵倒され続けました。

そんなある日、喉の異変を感じました。

お昼ご飯を食べていると、喉が焼けるように痛くなったのです。

同僚に話したところ、「それって食道癌じゃない？　亡くなったおばあちゃんと症状一緒。とにかく、病院に行け！」と言われました。

祈るように胃カメラを飲んで検査したところ、癌でなく「逆流性食道炎」でした。ストレスで、ウィスキーをガブ飲みしていたからだと思います。

**あまりにも追い詰められた私は、250万円の自社で販売している商材を、自腹で、5年ローンで購入してしまいました。**

もちろん、その後も売れず……。さすがに3か月も売れないので「もう無理だ、やめよう」と、退職届をスーツに忍ばせて上司に話すタイミングを狙っていました。

そんなとき、私はふとしたことから、会社のトップセールスマンに非常に好かれ、彼の特殊な営業手法を知るきっかけを得たのです。

彼の営業に同行させてもらい、トークを録音し、何度も繰り返し聞き、文字起こしをして、

「営業の体系化」を試みました。

驚くべきことに、彼は日本では知られていないある「特殊な理論」を習得し、その理論に基づいて営業をしていたのです。録音したトップセールスの営業トークを100回以上聞き、トークを分析することにより、その手法を理解しました。

そして、その特殊な営業理論を自分でも使い始めると、優秀な営業成績を連続で出すことに、成功したのです。

いわゆるコミュニケーションで重要なことは、

- **誰が話すか？**
- **何を話すか？**
- **どう話すか？**

です。

ただし、「誰が話すか？」という人間性や人間力を改善するのには、時間がかかります。

購買心理学上は、「何を話すか？」という営業台本（トークスクリプト）の改善と、「どう話すか？」という見込み客に伝わる話し方の改善が、誰にでもできる方法だったのです。

# 私が「台本営業®」に目覚めた経緯

その後、個人で実績を出したことから、営業チームを任されることとなりました。

**しかし自分は売れるようになったのですが、部下を売れさせるようにできませんでした。**

喫煙をする営業マンならわかると思うのですが、だいたい1時間おきにタバコを吸って、ストレス解消します。そんなことを続けていたある日、喫煙所のガラスに映った自分の姿がおかしい……。なんと、ストレスでガリガリに痩せていたのです！　10キロ以上も痩せていました。

これには正直、ビビりました（いまはタバコは吸いません）。

オフィスに戻れば、私の上司が私の部下を罵倒しまくります。

「営業は数字が人格だ！」

「給料泥棒！」

「売れるまで、帰ってくるな！」

売れない部下は手に電話をガムテープでぐるぐる巻きにされて、何時間も立って、椅子に座れず、電話をかけ続けさせられます（※通称「スタンディング」）。

部下たちは、もう半端ではないストレスです。

部下のストレスを発散させてやらないと、あっという間に飛んで（退職して）しまいます。

他部署では精神疾患であるパニック障害やうつ病、メニエール病などを発症する営業マンが出ているような会社でした。

**毎日仕事が終わると彼らと飲み屋街に繰り出し、ベロンベロンになるまで飲み歩いてました。**

**月１２０～１３０万円の給料は、すべて飲み代で消えました。**

そんなある日、指先がピリピリと痛くなりました。

私はコンタクトレンズをしていたので「コンタクトの洗浄液がしみたのかな？」と、気にも留ませんでした。

ところがなんと……皮膚の色が抜け始めたのです！

**極度のストレスで「白斑《はくはん》」（マイケル・ジャクソンと同じ病気）になってしまったのです。**

いまでも私の指先や関節は、色が抜け落ちています。

**「もうだめだ。無理。死にたい……」**

自殺する人の気持ちが初めてわかりました。

死ぬって普通「痛くて、怖い」じゃないですか？　だけど自殺するときは、死んだほうがいいより「楽で、気持ちいい」という発想になるのです。

**「電車に飛び込んだら、楽だろうな」**

それくらい追い込まれていたとき、書店である心理学の本に出会いました。

当時無名のその先生は、実践・臨床で実績を出しており、「生きた心理学」を教えてくれる方でした。つまり「本物」だったのです。

すがるように神保町の雑居ビルにある、その先生のオフィスを訪ねました。そして、その理論を必死に学び、吸収し、実践。部下の教育に成功したのです。

「加賀田さんが、私の師匠です！」

そう言ってくれる元部下は、いまでもたくさんいます。

そのときに「営業教育が本当に自分の使命だ」と気づきました。

その後、チームでの実績を評価され、新規事業の立ち上げ責任者を任され、初年度年商1億円まで成功しました。

私の営業教育の内容は、

- **「何をしゃべるか？」という、営業台本の作成**
- **「どのようにしゃべるか？」という、お客様に伝わる話し方のスキル**

の2点です。

私は、2000年から営業人生をスタートし、複数の会社でセールスマネジャーとして部下の教育に成功し、実績を残しました。
そんな私が確信をもって言えること。

**「営業は台本が9割」ということです。**

私は「数十円のお茶」から、「数十億円の太陽光発電所」など、さまざまな業態の営業コンサルを実施していますが、教えている内容は同じです。

- **購買心理に基づき**
- **「売れる営業台本」を作成し**
- **伝わる話し方を訓練する**

こうすれば、誰でも売れるようになっていくのです。
これが「台本営業®」に目覚めたきっかけです。

## トップセールスの中でも知らずにできている人がいる「ニーズの深掘り」

「これまで体系的な営業法を教わったことがない」

そういった人も多いでしょう。

とくにトップセールスと呼ばれる人ほど、人に教えるということをしない傾向が強いです。

なぜ、あなたの身近なトップセールスは教えてくれないのでしょうか？

少し考えれば当たり前ですが、トップセールスは、ほかの営業マンとの競争において誰よりも貪欲だったからこそトップになれたのです。ですから「誰かに教えよう」というマインドは、そもそも持ち合わせていません。

**百歩譲って、トップセールスが「いざ教えよう」と思っても、それまで感覚でやってきたので、教えることができないことも多いのです。**

数字（売上）をつくっていると「職人的にセールスを極めていくか？」「マネジャーになるか？」という、どちらかの道を会社から求められます。

マネジャーは、新人営業マンに対して営業教育を求められます。

しかし、プレイングマネージャーでも、人に教えるくらいなら「自分で売上をつくったほうが楽」なのと、「売上を自分でつくっていると、存在感を示せる」ので、部下に教えるよりも自分で売上を上げ続ける誘惑に勝てないのです。

私は、大学時代の学習塾講師から始まり、大学受験予備校講師、専門学校講師、ビジネスセミナートレーナーなど、キャリアを教育専門にしてきたからこそ、

**「自分ができているのは、なぜなのか？」**
**「どうしたら、部下ができるか？」**
と再現性のある指導ができるのです。

**営業の極意は、ひと言で言うと「クロージング」より「ニーズの深掘り」です。**

私は、全国で営業研修や営業コンサルティングを実施しています。

たとえば、創業50年の歴史がある営業会社で営業研修を実施した際、トップセールスがこのようなことを言っていました。


**「それ（ニーズの深掘り）、気づかぬうちにやってました！　自分たちがやってきたことは正しかったんですね！」**


トップセールスたちは、「ニーズの深掘り」を隠れて（気づかぬうちに）やっているのです。

ただ、世に広まっていないだけ。

そんなトップセールスが隠れて実施しているその秘密の方法（ニーズの深掘り）を、あなたはこの本で体得するのです。

もし、あなたが「『ニーズの深掘り』って何？」と思われたなら、これから「『ニーズの深掘り』」を知ることで、成約率が数十％は上がります。ご期待ください。

## 序章まとめ

・3K（気合・根性・カン）の営業指導では、絶対に売れない

・購買心理に基づき、売れる営業台本を作成し、伝わる話し方を訓練するだけ

・売れる営業台本の作成のキモは「ニーズの深掘り」にある

# 第1章

# 台本営業®を成功に導く
# 5つのステップ

# 見込み客の80％までは、営業台本のブラッシュアップで成約可能

営業をする上で避けて通れないのが「**成約率**」です。
成約率とは、文字通り、営業をして成約する確率のこと。
あなたは自分の営業の成約率が何％か、把握しているでしょうか？
10件営業をして5件決まるなら成約率50％。
6件決まるなら60％。
まずは自分の成約率の数値化をしましょう。

**台本営業®を使えば、成約率は見込み客の80％までは可能です。**

成約率80％の営業マンがどういった状態かというと、10人のお客様がいたら2人はほぼ確実

に落とせます。４名までは簡単に説得できます。６名までは迷われます。営業力があれば８名くらいはクロージングできる、という感覚です。

逆に言うと、「成約率１００％」というのはありえません。**よくセミナーや書籍などで「私は成約率99％です」と言っている人を見かけますが、それは「何かおかしいこと（不正）」をしているか、または「見込みの基準が甘すぎる」かです。**

ご自身の成約率が80％前後くらいだったら、それが正常値だと思ってください。

私の営業コンサルのクライアントさんで成約率が20％だった人が40％になったり、20％だった人が60％になったりすると、すごく喜ばれます。単純に売上が上がるからです。成約率が2倍になったら、売上も2倍になります。

**なので、まずは成約率の目標を決めましょう。**

たとえば、あなたがいま10件中4件の成約で成約率40％、成約額が４００万円ならば、

**「1か月後までに成約率60％、成約額６００万円にしたいです」**

などと、ご自身で決めるのです。

ここでひとつ、本気の目標を決めるためのコツをご紹介します。
こう考えてみてください。
あなたの大切な人が誘拐されたとします。

**「1か月後に〇〇〇万円持ってきたら釈放してやる、〇〇〇万円持ってこなかったら、殺す」**

と言われたとします。
いくらまでならギリギリがんばれますか？

**『10億円持ってこい！』と言われたら現実的じゃない」**

と思われるかもしれません。
極端な例ですが、命がけでギリギリがんばれるのはどれくらいか？　ということで目標を設定したいのです。

この話をすると、「そんな厳しい目標設定……ずっと走り続けなければいけないようでつらい」と言う方がいます。

そんな方は、下りのエスカレータを想像してください。

下りのエスカレータを1階から逆走するイメージです。

「ずーっとがんばらないといけない」と思うと大変です。しかし、下りのエスカレータを逆走して2階まで行ったら休めますよね。

**それと同じで、一度やりきるとそれが基準になるので、普通になってきます。**

最初は大変なのですが、潜在意識的には、ずっとそのペースでがんばらなくても維持できます。「一度ギリギリまでがんばるとしたら、どこまでがんばれるか」というかたちで、目標を考えてみてください。

# 成約率を80％にするための5ステップ

想像してください。

私がいまあなたの前で「ペンを落とした」とします。

これは、何の法則ですか？

「万有引力の法則」ですよね。

北海道でペンを落としても、沖縄で落としても、東京で落としても、落ちますよね。

これと同じように「購買心理」も原理原則なのです。

**北海道でも沖縄でも、人が物を買うには、買いたくなる「原理原則」があるということなのです。**

そのステップは「5つ」です。

**・ステップ1「人間関係構築」**
**・ステップ2「ニーズの深掘りとウォンツアップ」**
**・ステップ3「商品説明」**
**・ステップ4「クロージング」**
**・ステップ5「反論解決」（反論処理）**

という5ステップになります。

人間関係を構築しないでいきなり「商品説明」をしたら、お客様はどう思うでしょうか？「お前、売りつけに来たな！」となり、心を閉ざしてしまうでしょう。

**ですから人間関係をしっかりつくって、ニーズを深掘りし、ウォンツを描かせて、商品説明で商品を購入した先の未来の可能性を見せる。そしてクロージング、反論解決というステップが「購買心理」に基づく、成約率80％の公式です。**


では、それぞれのステップを簡単に説明します。

## ステップ1
# 人間関係構築

2000年頃までの営業マンは、「クロージング」や「反論解決（反論処理）」重視の営業スタイルでした。それでも契約は成立したからです。

しかし、「特定商取引法」の改正が進み、強引なクロージングでの契約はクーリングオフで契約解除できるなど、消費者保護が加速されました。

また、ネットやSNSの普及で「あの会社はブラック企業だ」なんて悪い噂が広まりやすくなり、クロージングや反論解決（反論処理）を重視した強引な商談は成立しなくなりました。

**ですので、いまの商談は「人間関係」を構築することがより重要になったのです。**

「人間関係構築」については、第3章で詳しく伝授します。

## ステップ2
# ニーズの深掘りとウォンツアップ

**「いますぐ本気で変えないとダメだ」という状態にさせるのが「ニーズの深掘り」。**

**「その商品が欲しくて、いてもたってもいられない」という状態にするのが「ウォンツアップ」。**

つまり、「ニーズの深掘り」は「地獄を見せる」ということで、「ウォンツアップ」は「天国を見せる」ということです。

そして、この「ニーズの深掘り」が私の営業理論の「最大の特長」です。

**いわゆる地獄を見せて、「もう嫌だ！」と思わせてから、「天国」つまり、商品が手に入った夢の状態を見せるというやり方です。**

この「ニーズの深掘り」は、「顧客の苦悩と対峙する」というプロフェッショナルセールスパーソンがやっている手法で、世に広まっていません。ですから、あなたがこれを体得することで、成約率が10％、20％とぐんぐん上がるのです。

## ステップ3
# 商品説明

ニーズを深掘りとウォンツアップまでが完了したら、そこからいよいよ商品説明に入ります。
じつは「商品説明」には、素晴らしい公式があります。

**それは「FABECの公式」というものです。**

これは私のオリジナルではありません。
セールスの激戦区であるアメリカで開発された、商品説明の法則です。
非常に素晴らしい法則ですので、第5章でお伝えします。
ご期待ください。

## ステップ4
# クロージング

営業とは「説明」でしょうか？　それとも「説得」でしょうか？

あなたがお客様に理解してもらおうとしたり、納得してもらおうとしているようならば、営業に苦戦しているはずです。なぜなら、まだ買ってもいない未知の商品・サービスを、素人のお客様が100％理解したり、納得することはないからです。

**そうではなく、営業は「誘導」であると考えてください。**

・説明　↓　理解
・説得　↓　納得
・誘導　↓　お客様が自ら「欲しい」と選ぶ

「理解してもらおう」とか「納得してもらおう」と思ってがんばっても、お客様は営業マンより詳しくないので、どうしても無理なクロージングになります。

強引なクロージングはお互いに嫌じゃないですか？　ですから、お客様が自然と欲しくなるクロージングをすればいいのです。

ヘビがどこからが尻尾なのかわからないのと同じように、トップセールスのクロージングは、「どこからクロージングかわからない」くらい自然です。

やり方は超簡単。

「選ばせるクロージング」です。

**人は押し付けられると拒否しようとしますが、選択となると、どれかを選ぼうとする習性を持っています。人間の心理として自分で決めたいという欲求があるのです。**

選択肢を提示することで、「自ら選ぶ」という満足感を与えることができます。

クロージングの「極意」について、詳細は第6章で伝授します。

## ステップ5
# 反論解決（反論処理）

新人セールスマンや営業未経験の商売人・起業家からよく聞く悩みは、
**「お客様から『検討したいんです』と言われて何もできず、そのまま失注してしまうんです」**
というものです。

たとえクロージング後でも、お客様は購入の意思を固めていないことも多く、提案に対して「質問」を示すこともあります。

営業マンは「ただの質問」であるにもかかわらず「反対された」と思ってあきらめてしまう人もいるのですが、それはもったいないです。ですので「**反論が来て当たり前だ**」という心構えを持ち「反論解決（反論処理）」の用意をしておきましょう。

反論解決のステップは４つです。

**（1）質問する　↓　検討の状況を明らかにする**

**（2）共感し、ほめる　↓　営業マンの話を「聞く態勢」をつくる**

**（3）提案する　↓　わかりやすいメリットを感じる提案**

**（4）明確な理由付け　↓　明確な理由で「納得」してもらう**

以上の4ステップの後に、もう一度クロージングするという流れを繰り返すのです。

「ちょっと考えたいです」と言われたら反論解決・反論処理をするという流れです。

**反論解決（反論処理）のゴールはお客様に「安心だ」と思ってもらうことです。**

詳しくは第7章でお伝えします。

成約率を80％以上にするには、
「購買心理」に基づいた
営業台本の繰り返しの改善が
絶対に必要！

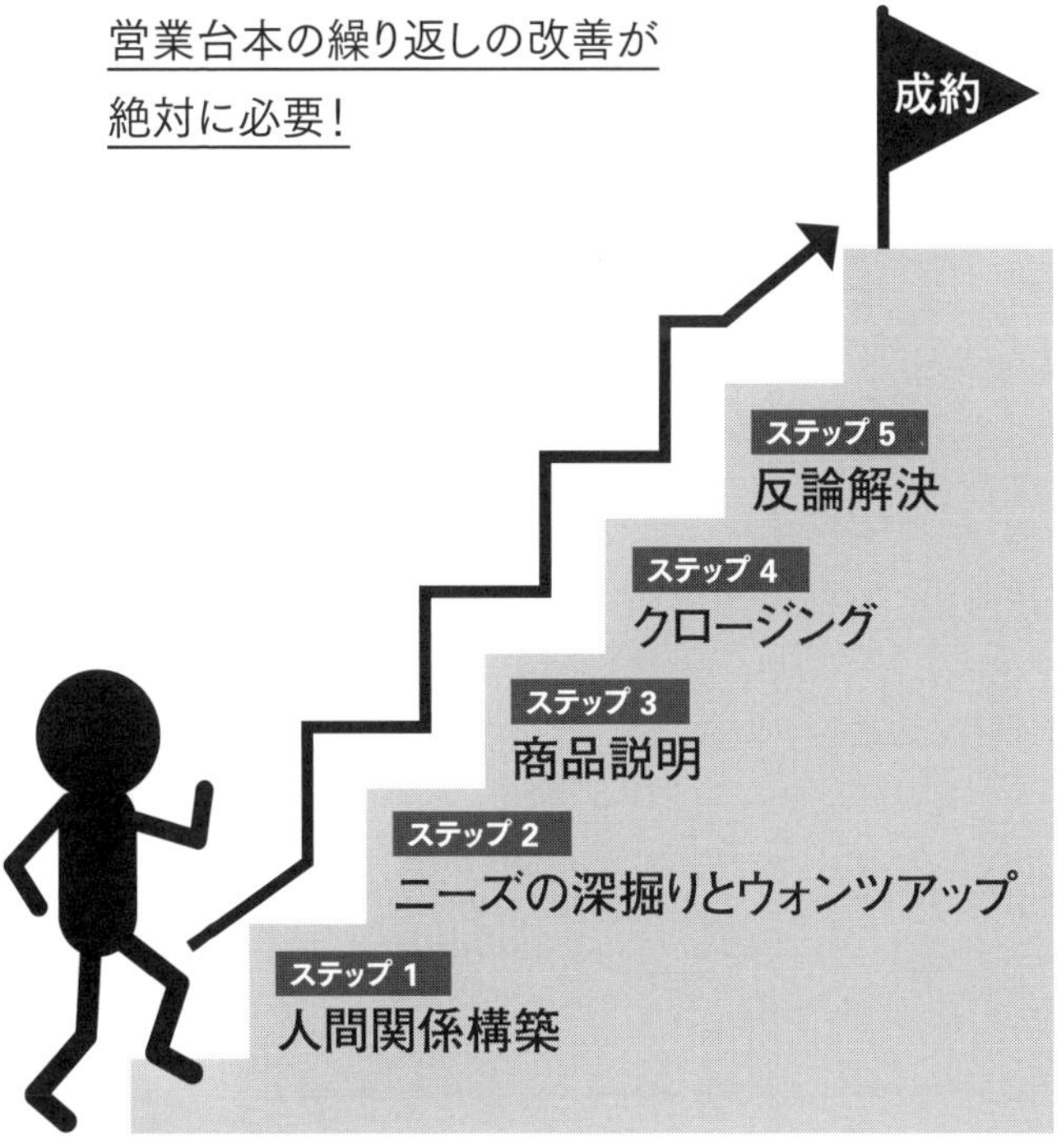

## 第1章まとめ

・まずは成約率の数値化が大切

・成約率80％を目標基準とする

・売れる営業台本は「購買心理に基づく5つのステップ」で構成されている

・ステップ❶：人間関係構築

・ステップ❷：ニーズの深掘りとウォンツアップ

・ステップ❸：商品説明

・ステップ❹：クロージング

・ステップ❺：反論解決（反論処理）

# 第2章

# あなただけの営業台本をつくろう

## 営業台本をつくる際の3つのポイント

では、これから一緒に「営業台本」を作成しましょう。

営業台本を作成する際のポイントは、3つあります。

**(1) 最初が大変。完璧なものをつくろうとしないで、まず取り掛かること**

なにごとも最初の一歩が大変です。最初が一番疲れます。

何かを始めたときを思い出してください。最初が一番疲れましたよね。

たとえば、会社に最初に出社した日、「こんなに疲れるのに、続くかな?」なんて心配したと思います。しかし、慣れたらそんなにエネルギーを使わなくなりますよね。

もし、どうしてもあなたが一人で「営業台本」の作成ができなければ、私のセミナーで一緒に作成しましょう。

## （2）「購買心理」に基づいた営業台本を作成すること

営業台本作成の「軸」をどこに置いたらいいのか？　あなたも疑問があると思います。

答えは「購買心理」です。

お客様の立場になって「自分だったら、どう思うか？」を考えましょう。そこにすべての答えが隠されています。

## （3）永遠に改善し続けること

いまガラケーを使っている人がほとんどいないように、時代も顧客も変わります。

もちろん競合他社もバカではないですから、競合の商品・サービスも進化します。

ですから「営業台本」も進化していく必要があります。

「営業台本」は完成することはありません。永遠に改善し続けることが必要なのです。

# あなたの営業台本を書き出してみよう

営業台本とは、要はトークスクリプトのことです。

**台本では「こういったお客様を攻略したい！」という、具体的なターゲットを想像するのがポイントです。**

たとえば、

「最近、プレゼン（デモ・商談）をして、あと一歩のところで失敗してしまった顧客A社」

といった具合です。

**すべてのお客様に通用しなくてもいいのです。**

**営業台本で対応できる「顧客対象」を絞り込みましょう。**

逆に、すべての顧客に対応できるような営業台本をつくり始めると、抽象的で誰にも対応できない営業台本になってしまいます。

このようにお話しすると、「何十種類も営業台本を作成しなければならないの?」と心配されるかもしれませんが、ご安心ください。

**代表的な見込み客を想定して作成すればOKです。多くて3～5パターンぐらいでしょう。**

そして、その台本をアレンジしていけばいいのです。

具体的な顧客を想定して「営業台本」を作成しましょう。

先ほど説明した、購買心理に沿った「5つのステップ」で書き出すのです。

もし時間がないようでしたら、ご自身の商談を録音して、外部業者に文字起こしをしてもらって、それを土台に変更していく(組み替えていく)のもアリです。

トップセールスの実際の商談の音源があれば、それを文字起こしするのも効果的な方法です。

# 良い営業台本・悪い営業台本

営業台本にも、良いものもあれば、あまり良くないものもあります。

では、良い営業台本（トークスクリプト）とはどんなものでしょうか。良い営業台本は、

**〈形式面〉**
・目次・ページ数の記載があって読みやすい
・各ステップの「ゴール」が明確に記載されている
・顧客パターンは多くても5パターンぐらい。まず典型的な顧客に対する台本を作成
・箇条書きだけでなく、具体的に会話形式になっていて新人にもわかりやすい

**〈内容面〉**

・トークの「意図・背景・目的」が記載されているので応用が可能
・ベテランも活用できる
・新人が見ても理解できるレベルになっている
・具体的な顧客を想定してつくられている
・スランプになったときに、振り返ることができる

こんなふうにまとめられているものです。

逆にこのポイントが押さえられていない台本は、悪い営業台本と言えます。

参考までに、次のページから営業台本のサンプルを記載します。本当は横書きが望ましいのですが、書籍の特性上、縦書きになっていることをご了承ください。わかりやすさを優先して内容的にもかなり単純化していますが、台本をつくられる際のヒントにしてみてください。

ちなみに、次のサンプルで中心となっている「ニーズの深掘り」は効果的な反面、インパクトが大きいので、順を追って本書を読んで真意を理解しないと、「お客様を煽っているのか!」とキツく感じるかもしれません。ただし、この部分を身につけるとお客様のためになりますし、効果は絶大、成約率はアップします。

## 台本営業のサンプル1

- 業種：結婚情報サービスの営業
- シチュエーション：30代未婚男性が入会説明を受けに来店
- 「ニーズの深掘り」↓「ウォンツアップ」までの事例

営業　「〇〇さん、とっても素敵な方ですね。おモテになるんじゃないですか？」

お客様　「いや、そんなことないんです。出会いがなくて」

営業　「なるほど。出会いの機会がないんですね。出会わないと何も始まりませんもんね。合コンとかはされるんですか？」

お客様　「昔はしていましたけど、いまはなかなかしないですね～。面倒になっちゃって」

営業　「そうですよね～。20代前半とかはやりますけど、だんだん、そういう機会なくなりますよね。職場とかでの出会いはどうですか？」

お客様　「う～ん。みんな結婚されてる方ばかりなんです」

**営業**「なるほど、わかりました！　そうしますと○○さん、とっても素敵な方なのに、そもそもの出会いの機会がないんですね。もしかしたら『家・会社・コンビニ』の繰り返しのような生活ですか？」

**お客様**「はい……」

**営業**「○○さん、とっても素敵な方なのにもったいないですね。当たり前の話ですけど、出会いの機会がなければお付き合いもないですし、お付き合いがなければ、ご結婚もありえないですもんね。お仕事、お忙しいんですか？」

**お客様**「そうなんです！　月曜から金曜、朝から晩まで遅くまで仕事で、土曜日は休日出勤も多いんです。なので日曜日は疲れて、ずっと寝ちゃったりして……」

**営業**「大変ですね。わかります」

**営業**「ちょっとイヤなことかもしれませんが、少しご想像ください。もし出会いの機会がないままだったら、恋愛とかご結婚とか、どうですか？」

**お客様**「う～ん。状況は変わらないですね。独り……」

営業　「そうですね。あっという間に、お独りのまま1年、3年、5年と経っちゃうかもしれませんね」

お客様　「ですね……。そう考えると、怖いですね」

営業　「ちなみに、ご年配なのにご結婚されていない方は、職場にいらっしゃいますか?」

お客様　「います、います!」

営業　「失礼なお話かもしれませんが、年をとっても一度も結婚の経験がない男性って、何か変な人って思われる可能性ありますよね。そういった方も、もしかしたら仕事の能力はあるのに、『何か人間的な欠陥があるんじゃない?』なんて変な噂が立ったり、マネジメント的に不適格だって人事評価が下がり、出世街道から外れたり、左遷されるなんてことあるかもしれませんね……」

お客様　「そうなんです! うちの会社、すごく能力があっても独身だと出世しないんです」

営業　「そうですね。そうなると左遷されて、知らない土地で、リストラ候補で、誰もが嫌がる難しい仕事振られたり、きついノルマを課されて年下の上司から詰られたり……そんなふうになったら、やる気がなくなって、誰にも相手にされなくなって、うつになって……。いまはいいですけど、40代後半とか50代でそんなつらい状況にある方って、じつは多いんです。もし、○○さんがそんな状態になったら、どう思いますか?」

お客様「いや、想像したくないですね」

営業「そうですよね。もし想像したら……」

お客様「会社、辞めちゃうかもしれませんね」

営業「ですよね、つらいですもんね。うつ状態になって、会社辞めて、その後、失業保険が切れて、生活保護とか……」

お客様「ですね……。そうなったら、生きる希望とかなくなって、もしかしたら誰にも知られずに自殺とかしちゃうかもしれませんね」

営業「ですね。そうなりたくない気持ちは強いですか？」

お客様「はい！」

営業「どうしてですか？」

お客様「やっぱり、まだ可能性があると思うし」

営業「ですよね！　〇〇さん、とっても素敵な方ですからね！　じゃあ逆に、もし月に2～3人ぐらい、定期的にデートする機会があったらどうですか？」

お客様「生活にハリが出るかもしれませんね！」

営業「そうですね！　もちろん、すぐにうまくいくかどうかわかりませんが、月に2～3人の方とお見合いしていたら、ファッションとかにも気をつかいますから、おしゃれになってきます。お見合いも繰り返したらコミュニケーションも上達しますし、それがお仕事にも活かされますしね！」

お客様「なんか、ワクワクしてきますね！」

営業「週末デートだと思ったらドキドキしますから、日常も新鮮になるので、皆さん『仕事もやる気が出た』っておっしゃいます！　もちろん、3か月、6か月とがんばれば、素敵な方とお付き合いが始まって、ご結婚できるかもしれませんし！」

営業「あっ！　そういえば〇〇さん、どんなタイプの女性が好みなんですか？」

お客様「芸能人で言うと、△△さんみたいな女性がタイプなんです！」

営業「いいですね～！」

営業　「ご結婚されたら、どんなご家庭が理想ですか？」

お客様　「家族の行事とかをしっかりがんばりたいんです！　僕、昔からイメージがあって、子どもの幼稚園の運動会でもかっこよくリレーとかに出て、走りたいんですよ！」

……クロージングへ続く

## 台本営業のサンプル2

- **業種：営業研修会社の法人営業**
- **シチュエーション：ITベンチャー企業の社長に営業研修（営業台本）の売り込み**
- **「ニーズの深掘り」↓「ウォンツアップ」までの事例**

営業　「御社、急成長されてらっしゃいますね。業界でもイケイケの噂をお聞きします！」

お客様　「いや〜、そんなことないんです。じつは、けっこう問題があるんですよ。

なので今日、来ていただいたんですよ」

**営業**　「なるほど。急成長されてらっしゃるので、成長ならではの歪みもいろいろ出てきますよね。ちなみに、営業の部署に関してだと、採用・育成・評価・配置とか、どのようなことでお困りなんですか？」

**お客様**　「営業マンの育成が、成長に追いついてないんですよね〜」

**営業**　「なるほど、そうですよね〜。皆さん通常業務でお忙しいですもんね。教育に時間が取れない、と」

**お客様**　「そうなんです！　日々の売上のノルマもありますし、マニュアルをつくる時間もないんです」

**営業**　「なるほど、わかりました！　そうしますと、トップセールスと新入営業マンとの売上の差が、かなりあるかもしれませんね」

**お客様**　「はい、そうなんです。トップセールスはかなり売るんですが、入ったばかりの営業マンは営業未経験で売れないんです」

**営業**　「とっても、もったいない状況ですね！　10人の営業マンがいたとして、一人がトップセールスで売上が100万円、あとの9人が0円だと全体の売上は100万円。トップセールスがいなくても、10人が全員60万円売り上げたら、全体の売上は600万円になりますもんね！」

**営業**「当社のクライアントさんも、先日『トップセールスが病気になってしまって、売上が激減してしまった』っておっしゃってましたよ」

**お客様**「そうなんですよ！　うちもこの前トップセールスが病気で休んでしまって、全体の売上がガクッと減ってしまったんです」

**営業**「なるほど！　もし万が一ですけれど、いまのようなトップセールス依存の状態が続いていると、どのようなリスクがあるんでしょうか？」

**お客様**「先ほどお話ししたように、売上のバラツキがありますね。また売上が激減することがあるかもしれない。そうなると、出店計画が読めない……」

**営業**「そうですね。売上が不安定ですし、拡大にもリスクがあるかもしれないですね。そういった状態で競合がマクドナルドのように営業をマニュアル化して、攻めてきたら……？」

**お客様**「そうなんですよ！　じつは競合他社がいま、すごい勢いで当社を追いかけてきてるんですよ！」

**営業**「なるほど、それは大変な状況ですね！　競合他社がすごい勢いで追いかけてきているとのことですが、競合他社がそのまま売上を伸ばしたら、御社はどのような状態になりますか？」

お客様　「もちろん、売上が減少するでしょうね」

営業　「売上が下がるとどうなっていきますか？」

お客様　「どうなるって？」

営業　「そうならないように、万が一をリスクマネジメントの観点で考えると？」

お客様　「赤字になっていきます」

営業　「そうですよね。もし赤字が続いたとしたら？」

お客様　「コストカットしなければ、最悪、従業員を解雇しなければならないかも……」

営業　「社員を解雇したら、会社の士気は下がりますよね」

お客様　「そうですね……」

営業　「この会社、やばそうだ！　って優秀な社員から辞めてしまって、残った社員は能力の低い社員ばかりとか」

**お客様**「怖いですね」

**営業**「赤字が続いて、優秀な社員が辞めていったら、どうなりますか？」

**お客様**「最悪、事業をたたむしかないかも……」

**営業**「なるほど、倒産ですね。多くの社長は、銀行の借り入れをする際に個人の連帯保証をされていますよね。もしそうなったら……」

**お客様**「うちも、そうなんだよね……。そうなったら、家族に迷惑がかからないように、先に離婚するかもしれないな」

**営業**「ですよね……。ご家族を守るためですからね」

**お客様**「呆然として、何もできないかも。家族にも迷惑かけて……」

**営業**「再就職しても、年下の上司からバカにされたりとか、あるかもしれませんね。『あいつ、前、会社つぶしたんだぞ』とか」

**お客様**「そうですよね。そうなったら仕事を辞めて、行き着く先はホームレスとか……」

営業　「イヤですね」

お客様　「人生がイヤになって、自殺しちゃうかもしれないな」

営業　「はい……。そうなりたくない気持ちは強いですか？」

お客様　「そりゃあ倒産したら従業員も家族があるし、社会的責任もあるし……良い商品を広めていきたいですよ」

営業　「ですよね！　企業は社会的な責任もあります。御社の良い商品・サービスを世に広めなければなりません！」

お客様　「そうです！　そうなんです！　社員の家族も守らなければなりません！　その責任があるんです！」

営業　「なるほど！　それで、営業のマニュアル化『営業台本』の作成を検討されてらっしゃるんですね！」

お客様　「そうなんです！　営業台本（トークスクリプト）を作成したいんです。トップセールスは忙しいし、やり方もわからないので、自分たちでゼロから試行錯誤するのでなく、プロにご相談に来たのです！」

営業　「そうですね！　売れる営業台本（トークスクリプト）を作成すれば、その営業台本を改善することで、成約率も上がり、売上もアップしていきますよ！」

お客様　「なんか、ワクワクしてきますね！　全員が売れるようになっていきますね！」

営業　『気合入れて営業しろ！』なんて精神論でなく、営業台本を改善することに焦点が当たりますから、『営業台本のここを直そう！』とか『職場の雰囲気もよくなった』って皆さんおっしゃってます！
もちろん時代は変わりますので、お客様の嗜好も変われば競合も変わりますので、営業台本の改善は永遠です」

営業　「あ、そういえば○○さん、売上が安定して上がっていったら、どのような計画があるんですか？」

お客様　「出店計画を加速したいんですよ。まずは全国展開とか！」

営業　「いいですね～」

お客様　「そして、福利厚生もしっかりしたいんですよ。従業員がみんな楽しく働けるように、イベントとか、社員旅行とかいいですね！」

営業　「いいですね～。社員が安心して働ける環境って素晴らしいですね！」

……クロージングに続く

## 第2章まとめ

・営業台本作成のポイントは3つ

・ポイント1：完璧なものをつくろうとしないで、まず取り掛かること

・ポイント2：「購買心理」に基づいた営業台本を作成すること

・ポイント3：永遠に改善し続けること

・抽象的・一般的な営業台本ではなく、具体的な顧客を想定した台本を作成すること

・良い営業台本は、「形式面」と「内容面」が共に優れている

第3章

# 台本営業®ステップ1

# 「人間関係構築」

# 人間関係構築とは何か

すべての営業は「人間関係構築」から始まります。

ただ、人間関係構築とひと口に言っても、どのようにすればいいのでしょうか？

人間関係構築というと、「笑顔で話す」「共感する」などを考えがちですが、それはあくまで人間関係を構築するための「方法」でしかありません。

重要なことは、

**（1）どのような関係性を構築するか？**
**（2）どこまでの関係性のレベルを目指すのか？**
**（3）人間関係を構築するための効果的な方法は？**

です。

## (4) 人間関係構築のゴールはどこか?

想像してください。

「人間関係構築」ができると、そのドアの鍵がカチャッと開いて、次の「ニーズの深掘りとウォンツアップ」のステップに行くようなイメージです。

初めて会って数十分にもかかわらず、数十年来の親友のような関係が築けたらどうでしょう。強固な人間関係が構築されています。

その秘訣を、これから一緒に探りに行きましょう。

# 医者と患者のような関係性を目指そう

一般的に営業マンのイメージは強引に物を売りつけたり、逆にペコペコして、なんとか物を買ってもらおうとしたり、そういった嫌なものかもしれません。

売れる営業マンは強引に売りつけたり、必要以上にペコペコしたりはしていません。

**トップセールスと見込み客との理想の関係性は、わかりやすくたとえて言うと、「医者と患者の関係性」に似ています。**

たとえば、あなたが「熱が出たなぁ」と病院に行った際に、お医者さんがまったく診断しないで、傲慢な態度で「風邪ですよ！」と薬を出したら、どう思いますか？　そのお医者さんを信頼できないですよね。「もっと親切に診断してもらいたい！」と思いますよね。

逆に、お医者さんにやたらへりくだって「ほんと〜に申し訳ないんだけど、このお薬、ちょっとでいいので飲んでいただけると、うれしいんだけどぉ〜」とペコペコされても、「この薬、大丈夫なのかな？」と不安になりますよね。もっと自信のあるお医者さんのところに行きたいと思うはずです。

もし患者さんが薬を飲む必要があるのであれば、「この薬を飲んでください！」「飲まないと、ダメですよ！」と、専門家として断言するべきです。


**つまり私たちがお医者さん（プロ・専門家）に求めるのは、「専門性」と「親切・熱意」です。**

**顧客が営業マン（プロ・専門家）に求めているものも、まったく同じなのです。**

お客様の「本当に私にその商品・サービスが必要か？」という疑問を親切に診断・ヒアリングし、必要であれば、専門家として自信を持って提案します。

「医者と患者の関係性」とは、熱心で親切なプロ（専門家）と素人の関係性なのです。

そして、プロ（専門家）は自信に満ち溢れています。

お客様の立場で考えれば一目瞭然ですが、自信がない人からは誰も買いたくありません。

**売れない営業マンは自信がないから売れない。売れないから自信がない。**

まさに負のループです。

多くの営業マネジャーは、こうアドバイスをします。

「自信を持って話せばいい」

そうすると、素直な人はこう思います。

「結果が出ていないのに、自信があるフリはできないよ」

では、どうすればいいか？　簡単です。

## 自信がある「演技」をすればいいのです。

名俳優がトップセールスの演技をしているように演じてください。

演技なので「ウソをついている」わけではありません。あなたの良心も痛みません。

お客様はあなたの「自信」と「覚悟」を見ているのです。

セールスマンには、４つの自信が必要です。

**（1）自分の会社に対する自信**
**（2）商品・サービスに対する自信**

## （3）職業（販売行為）に対する自信

## （4）自分に対する自信

あなたは、心の底から「好きだ！」と思う商品をお客様にすすめていますか？　生活のために好きでもない商品を会社の指示で売っていませんか？　まず、自問自答してみてください。

そのうえで、この4つの自信を確認して、自信を持って言い切りましょう。

**「この商品・サービスが、あなたにとって最適だと思いますので、ぜひやりましょう！」**

と、言い切るのです。

「売ろう」「買ってもらおう」と思うと、うしろめたくて自信が持てないなら、

**「お選びいただくのはお客様のご自由ですが、専門家（プロ）として、情報提供させていただいております」**

と、専門家（プロ）の視点で良い商品を熱心に伝えましょう。

「医者と患者の関係性」をクロージング前につくらないと、「売り込まれた！」と思った瞬間にお客様の心のシャッターが降ります。結果、失注してしまうのです。

# あなたを一瞬で専門家として認知させる質問

専門家と素人の関係性をつくるためには、「**自分の強みを一瞬で伝える質問**」が効果的です。

**あなた**
「○○さん、芸能人の△△さん（若い女性に人気の女優）をご存じですか？」

**お客様**
「え？　知ってますけど」

**あなた**
「△△さん、うちのお客様ですよ」

**お客様**
「えー、すごいですね！」

これは実際に約100万円のマウスピース矯正で成約率98％をほこる歯科医院のトークです。ほかにも、たとえばリフォーム業であれば、「近所の○○医院さん、ご存知ですか？」のように応用できます。ここのポイントは、「いやらしくなく」自分の強みを伝えることです。逆に、直接的にぐいぐいアピールされたらどのような感じでしょう。

**あなた**
「うちの顧客には芸能人の△△さんがいるんですよ。すごいでしょう！」

**お客様**
「……はい」

嫌ですよね。ですから質問を使うことで、いやらしくなく自分の強みを伝えるのです。

# 信頼関係を深めるシンプルな方法

人と信頼関係を深めていくにはどうすればいいのか。
基本的に、人間関係構築のポイントは次の2つです。

**①顧客の状況（立場）、感情（動機）を理解する↓感情理解力**
**②自分を顧客の立場に置き、感情を分かち合う↓感情移入力**

それぞれ解説します。

**①顧客の状況（立場）、感情（動機）を理解する**

お客様のことを「理解」するには、お客様の生い立ちや、お客様が大切にしていること（信念）、悩みや夢などの状況に興味を持つことです。
たとえば、ある発毛・育毛サロンの営業マンからこのような相談を受けました。

「沖縄出身で、名古屋の工場で働いていて、地元の専門学校に戻って、公務員になりたいという20代の青年と商談したんです。良い雰囲気になったけれど契約にならなかった原因がわからないんです」

という相談でした。
私は彼にこう答えました。

「ズバリ、お客様の状況（立場）の理解ができていません。ですから、本当の人間関係が構築できないで失注したのです。
もし彼があなたの子どもだったら、なぜ沖縄からわざわざ名古屋にきたのか？　どのような工場に勤めているのか？　仕事はつらくないのか？　どのような専門学校に行きたいのか？　どんな種類の公務員になりたいのか？　悩みは何か？　夢は何か？

心配で気になるはずです。お聞きになりましたか？」


カンの良い彼はハッとして気がつきました。お客様を知ろうとしていなかったことに。

本当に大切な人だったら興味がわくはずです。

もし彼の親だったら心配で聞くはずです。

お客様が「あなたの大切な人だったら？」と想像して状況を理解してください。お客様の感情を理解できるはずです。


ちなみに、これは演技でも同じです。

大根役者は、「好き」という演技（表現）をしようと思ったときに、「好き」という感情を再現しようとします。

しかし、それではうまく表現できないのです。

一方、名優は演じる対象の「背景」「生い立ち」「悩み」「苦しみ」「夢」「目標」など状況を理解することに焦点を当てるのです。

そうすると、自然と「好き」という表現（演技）ができるのです。

## ② 自分を顧客の立場に置き、感情を分かち合う

こちらのコツを簡単にお話しします。

まず、お客様の背中に、まるでぬいぐるみのようにチャックがあると想像してください。そのチャックを下げて、あなたがお客様の中に入ってみるのです。お客様目線でまわりを見て、五感で感じてみるのです。

「なんでこの人（営業マン）は、こんなに自分の心をわかってくれるのだろう？」とお客様に思わせてから、顧客の状況（立場）、感情（動機）に沿った、その顧客のためだけの特別な提案を表現するのです。

次に、そのためのシンプルな方法をいくつかご紹介します。

## 良い人間関係をつくるシンプルな方法

| 行動 | | 感情 |
|---|---|---|
| 接触回数を増やす | ➡ | 「親しい」と感じさせる |
| 雑談・世間話<br>（ニュースや天気） | ➡ | 「リラックス」させる |
| 目を見て頷く | ➡ | 「自信がある」と感じさせる |
| 共感する<br>（共通点を探す） | ➡ | 「わかってくれている」<br>と思わせる |
| ねぎらう | ➡ | 「この人は味方だ」と思わせる |
| ほめる | ➡ | 「嬉しい」と思わせる |
| 承認する | ➡ | 「認められている」<br>と思わせる |
| 笑顔を見せる | ➡ | 「受け入れられている」<br>と思わせる |
| 笑い合う | ➡ | 「楽しい」と思わせる |
| 特別感を出す<br>（キャンペーン） | ➡ | 「特別扱いをしてくれている」<br>と思わせる |
| 秘密を共有する<br>（自分から自己開示をする） | ➡ | 「特別な関係だ」と思わせる |
| 好きになる | ➡ | 「好意を持ってくれている」<br>と思わせる |
| 尊敬する | ➡ | 「敬意を払ってくれている」<br>と思わせる |
| 思っていることを<br>当てる | ➡ | 「この人は他の人と違う」<br>と思わせる |

# ラポールには、3つのレベルがある

私たちは信頼している人、心を開いている人、つまり好きな人の話は聞きますが、尊敬していない人、心を開いていない人、嫌いな人の話は聞きません。

**そこで重要なのが「ラポール」です。**

営業職の人であれば、ほとんどの人が聞いたことあるであろう「ラポール」ですが、あらためて説明しようとすると、意外とわかっていない人も多いのでは？

そこで、まずはいまさら聞けない「ラポールとは？」について説明します。

ラポールとはフランス語の「関係」という意味から来ています。

そこから「心と心がつながっている状態」「相手と親密な関係を築くこと」「信頼関係を構築すること」を指します。

ラポールには、3つのレベルがあります。

- **レベル1：FOR YOU「相手のために」**
- **レベル2：WITH YOU「相手と一緒にいる」**
- **レベル3：IN YOU「相手と一体化している」**

です。

それぞれ解説します。

## ・レベル1：FOR YOU「相手のために」

「セールスが苦手」とか「営業って、うしろめたい」と思っている人は、「自分の売上のため」と思っていることが多いです。

「自分のため」「会社のため」「売上のため」と思っていると、お客様への説明がうしろめたくなり、力が出なくなります。

そこで、セールスの目的をお客様のためと思うようにするのです。「相手のため」「お役立ち」と思えば、説得に力が出ます。

## ・レベル2：WITH YOU「相手と一緒にいる」

これは物理的にいつもそばにいるということだけでなく、「良いときも悪いときも、気持ちの上で一緒にいる」という意味です。

ビジネスで言えば、「儲かっているときも、破産しそうになってみじめなときも、ずっとその人のままで変わらずにいてくれる」ということです。

それが「WITH YOU（あなたと一緒にいる）」の心理状態です。

お客様が苦しんでいるときも、お客様がうれしいときも、お客様の良いときも、お客様の悪いときも、気持ちのうえでずっとそばにいて、お客様の成功と幸せを見守ってあげるということです。

あなたが本当にお客様を愛し、一緒に成功したい、豊かになりたい、幸せになってもらいたいと思ったら、気持ちを込めて「一緒にがんばっていきましょう！」とお伝えしましょう。

## ・レベル3：IN YOU「相手と一体化している」

もし、あなたがトップセールスであったり、セラピストやカウンセラーの方なら、この感覚を理解できるのではないでしょうか。

ＩＮ ＹＯＵとは、つまり「一体化」です。

たとえて言うなら、あなたがお母さんのお腹のなかにいる感覚です。もちろん意識的には覚えていないと思いますが、感覚的にわかればＯＫです。ものすごい安心感ですよね。

では、お客様と、どうやって一体化の関係性になるか？

そのための技は、この後の項目で説明します。

# 見逃せない「雑談力」

人間関係を構築するための「雑談」は、とても重要です。

営業マンの間では、これを「商談時のクラッチ合わせ」と言って、非常に重要視している行為です（マニュアル車を発進させるときの、クラッチを合わせる際の比喩）。

雑談が必要な理由は、会話にも**「クラッチ合わせが必要」**だからです。

雑談（クラッチ合わせ）の目的は、

- **相手をリラックスさせる**
- **信頼関係を構築する**

の2つです。

商談目的での対面だとしても、相手は「売り込まれる？」と緊張しているかもしれません。

また、いきなり商品説明などの商談に入ると「売りたいだけ？」と思われてしまいます。

お客様にリラックスしてもらい、信頼関係を構築するために「雑談」は必要不可欠なのです。

もちろん、お客様によっては雑談を嫌う方もいますし、時間がない場合もありますので、臨機応変な対応が必要ですが、一般的に雑談は必要です。

たとえば、法人営業だったら、最寄り駅から相手先の会社に行くまでの「行列ができている話題のお店」についてや、できたばかりの「駅ビル」についてなどに対して、ビジネス的な観点で見解を述べると、「この営業マンはできるな！」と、自然に思わせる雑談になります。

個人宅への飛び込み営業だったら、玄関に入って「見るものすべてをほめちぎる」ぐらいで初めて、お客様は営業マンの話しを聞く態勢になります。

富裕層相手だったら、投資の話題だったり、ラグジュアリーブランドの流行りの話題だったり、若い女性が相手だったら、アイドルやファッションの話しだったり、自分の顧客対象が食いつく雑談を常にストックしておくのです。

**つまり、雑談で「営業マンのレベル」がわかってしまうのです。**

では、もしあなたが富裕層を相手とした「不動産の営業マン」だとしたらどのような雑談をしますか？　不動産会社に入社してわずか3か月で、トップセールスになった元キャバ嬢はこんな話を聞かせてくれました。

「普通の営業マンって、お客様の家に訪問したときに、『ワンちゃんかわいいね〜』と口で言うだけで、心のなかでは、「きたない！」とか「フケッ！」って思って、ワンちゃんの頭をなでたりしないでしょ。お客様は、見てないようで、しっかり見てるんだよね。

私は、違うの。

私は『ワンちゃん可愛いですね〜』って言うじゃなくって、ワンちゃんを抱っこして、顔をベロベロ舐めさせあげるの。そんなことまでする女性の営業マンっていないでしょ。

ワンちゃんは、私の虜になるから、次に私が行くと、私の足に腰をこすりつけて、うれしょん（嬉しくておしっこを漏らしてしまう）までするようになるの。

可愛いワンちゃんをそんなに可愛がってくれたら、お客様も嬉しいでしょ。

お客様を虜にするには、やり方があるんだよね」

お客様の立場で考えれば大切なもの、大切な人（動物）をあなたが可愛がってくれたら、あなたを好きになるのは、当たり前です。

トップセールスは、顧客と関係性を築くために、ここまで雑談にも注意しているのです。

# ラポールテクニックその1「ミラーリング」

営業のことわざで、信頼関係を築くたとえを「お客様とダンスを踊る」と言います。

仲の良いカップル・友だち同士を喫茶店で見ていると、一緒のタイミングでお茶を飲んでいたり、見た目・姿が似ていませんか？　ファッションも似ていたりしますよね。

仲が良くなると、姿や雰囲気が似てくるのです。

ということは、営業・セールスのアプローチで、**意図的かつ戦略的に**お客様と動作を合わせることで、気持ちを通わせるという営業手法はとても有効です。

**あなたが、営業プレゼン中にお客様に動きを合わせるということは、「私はあなたに共感しています」「あなたに好感をもっています」というメッセージを意識的かつ、無意識的に与えることができます。**

営業・セールスのアプローチのステップで、意図的かつ戦略的にお客様と動作を合わせることで、気持ちを通わせるという営業心理学的手法を「**ミラーリング**」といいます。

『課長 島耕作』(弘兼憲史著/講談社)という漫画をご存じでしょうか? コミックスのシリーズ累計4000万部に達する、超人気ビジネス漫画です。

主人公の島耕作がビジネスの世界でどんどん上り詰めていくのが醍醐味の漫画なのですが、その島耕作が、お客様と信頼関係を築くためのテクニックであるミラーリングをうまく使っていました。

課長島耕作は、出世もするし、女性にもモテモテのスーパービジネスマンです。

なぜ彼は出世したのか? なぜ彼は女性にモテモテなのか?

それは、彼が超絶な「コミュニケーション能力」を持っていたからなのです。

このような有名なシーンがあります。

島耕作が、ある方を高級料理店で接待します。すると、その方はテーブルマナーなど知らないので、無作法にスープを音を立てて飲んでしまう。

そのとき、島耕作はどうするか?

**一緒に、「ズズー」と、音を立てて飲みだすのです。**

これが「ミラーリング」です。

とても勇気のいるミラーリングです。まわりの目が気になりますからね。

たしかに、このレベルのミラーリングをされたら、相手は無意識レベルでものすごく安心を感じます。あとで事情がわかったら男泣きでしょう。こんなにコミュニケーション能力が高い人が自分の上司だったら、それこそ馬車馬のように働きそうですね。

ほかにも、このようなシーンもありました。

接待している社長が、高級ワインを音を立てて飲み始めました。

それを見た、島耕作は……？

もうおわかりですね。

**やはり、音を立てて飲み始めたのです。**

「グビュビュビュビュビュビュビュビュ」

これがミラーリングです。

営業上、戦略的コミュニケーションをするためには、ミラーリングは必須です。

ただし、注意点もあります。

**あなたが営業プレゼン中、あからさまにお客様と動作を合わせていると、カンの良いお客様の場合、「この人、ミラーリングしているな」と思われて、引かれてしまうことがあります。**

ひとテンポ（ひと呼吸）わざと動作をずらして真似したり、相手が脚を組んだらこちらは手のひらを組むなどして、自然な形で合わせてください。

**「まばたき」を合わせるは上級編です。**

私たちは、まばたきを無意識でおこなっていますが、意識的にも相手に合わせることができます。まばたきを合わせるテクニックは、ほかの多くの人は気がつきません。これがミラーリングの極意です。

あなたが飛び込み営業をやっているのであれば、こういった営業スキルがないと非効率な営業になってしまって苦労すると思います。ミラーリングを身につけてください。

# ラポールテクニックその2「ページング」

次に「ページング」をご紹介します。

**ページングとは、「相手の話し方・状態」などに合わせる手法です。**

自分は高みにいて、相手に共感せず一方的に話をしても、気持ちは伝わらないですよね。

たとえば、あなたが失恋をして、友だちに相談したとします。

**あなた**

「昨日、大好きなあの人に告白したんだけど、フラれちゃったよ」

**友人**

「世の中に、男（女）性はいっぱいいいるんだから、凹んでないで元気出せよ！」

どう思われました？

理屈では元気を出さなければならないのはわかりますが、感情では「こいつは自分の気持ちをわかってくれていない」と、思いませんか？

では、次のような会話だったらどうでしょう？

**あなた**

「昨日、大好きなあの人に告白したんだけど、フラれちゃったよ」

**友人**

「あの人のこと大好きだったから、とってもつらいよね、悲しいよね。わかるよ。告白って、とても勇気がいることだから、本当にすごいよ！」

このように、受け答えされたらどう思いますか？

「この人、わかってくれた」と思いませんか？

これが、ペーシングです。

ペーシングすると、相手に話を聞く態勢ができます。

**とくに電話セールスでは、姿が見えないので、ミラーリングができません。**

**ペーシングは、電話営業（テレアポ）では必須のスキルになります。**

ペーシングとは、具体的に相手の、

**（1）話し方**
**（2）状態**
**（3）呼吸**
**（4）感情**
**（5）考え方・信念**

に合わせることです。

相手と合わせないと共感は生まれません。共感が生まれないと相手の聞く態勢ができません。

では、それぞれ説明していきましょう。

**（1）話し方を合わせる**

・スピード：ゆっくり話す人にはゆっくり、早口の人には早口で
・声の大小：大きな声の人には大きく、小さな声の人には小さく
・音程の高低：声の高い人には高く、低い人には低く
・リズム（調子）：早いテンポの人には早く、ゆっくりの人にはゆっくり
・口調：赤ちゃんには赤ちゃん言葉で話す

**（2）相手の状態に合わせる**

・雰囲気：明るさ、静けさ
・感情：興奮状態、落ち込み

**（3）呼吸を合わせる**

・リズム：肩や腹部などを観察し、同じリズムで呼吸をする

**（4）感情を合わせる**

「喜び」「悲しみ」「嫌悪」「恐怖」「怒り」……など

**（5）考え方・信念を合わせる**

「仕事とは○○だ」

「男性とは○○だ。女性とは○○だ」

「人生とは○○だ」

という相手の考え方や信念

などです。

自分と共通点があると、人は無意識的に好感を抱きます。

では、ペーシングの「極意」をお話しします。

潜在意識（無意識）レベルでペーシングするには、どこに合わせればいいのか？

**それは「呼吸」です。**

よく「息が合う」と言いますよね。お客様の「呼吸」にあなたの呼吸を合わせていると、営業の訓練をされていないお客様はわかりません。

呼吸は意識しなくても誰もがしているし、意識して呼吸のリズムを変えることもできます。ですから、呼吸を意識的に相手に合わせることで、潜在意識レベルで合わせることができるのです。

理論がわかったら、実際に練習してみましょう。

**私は、部下やクライアントさんに、「電車で訓練してください」とお伝えします。**

通勤などの電車で座っているときが一番訓練に適しています。電車で座ったら、前の人の呼吸を見て、呼吸を合わせていきます。

そうは言っても、なかなか難しいかもしれません。

**とくに目立った感情を表したときに呼吸に変化が現れます。その変化を見てください。コツは呼吸の位置と速さです。首、胸、肩など、呼吸を見て、相手の呼吸に合わせてみましょう。**

同じ位置、同じリズム、同じペースで呼吸しましょう。

そして、そこで変化していくあなたの感情を感じてください。

それが相手の感情です。スキルではなく「魂」で感じるイメージをしてください。

ただし、注意点もあります。

**じっと見ていると変な人に思われるということです。**

ですから、視線のはしで相手と呼吸を合わせるイメージをしてください。

逆に、うまくいきすぎて失敗した例ですが、私のクライアントで、電車に座って呼吸合わせの練習をしていた女性がいました。

ペーシングの相手は、中年男性。呼吸合わせの訓練をして、彼女が電車を降りたら、一緒になっておじさんもついてきてしまったんです。

最初は「偶然かな?」と思っていたのですが、駅を出てもついてくるので、びっくりして逃げて帰ったそうです。夜だったので「怖かった」と言ってました。

「この人はリードしたくない」というタイミングになったら、わざと呼吸をずらし、ペーシングを外さなければなりません。

もし、あなたがこういったスキルを使わなくても、交渉上の相手がスキルを駆使してきたら、ものすごく不利になりますよね。ですので、知識的に知っておくようにしてください。

# ラポールテクニックその3「バックトラッキング」

バックトラッキングとはいわゆる「オウム返し」です。

**相手の言葉を繰り返すことで、「あなたの話を聞いてますよ！」と感じてもらうテクニックが、バックトラッキング**（**オウム返し**）**です。**

相手が話した言葉を返す（オウム返しする）と、相手は否定しようがありません。

たとえば、

**Aさん**　「昨日、ディズニーランドに行ったんです！」

**Bさん**

「ディズニーランドに行かれたんですね！」

**Aさん**
「いや、行ってないですよ」

当たり前ですが、このような会話にはなりませんよね。通常は、

**Aさん**
「昨日、ディズニーランドに行ったんです！」

**Bさん**
「ディズニーランドに行かれたんですね！」

**Aさん**
「そうです！　とっても楽しかったんです」

このような会話になるはずです。

相手の言ったことを繰り返すのですから、「イエス」以外は出てきません。

しかし、ただ単にオウム返し（バックトラッキング）をしても効果的ではありません。逆に「うざ！」と思われてしまいます。

なので、営業スキルが必要なのです。

オウム返し（バックトラッキング）のレベルは5つ。

- **レベル1：事実をそのまま繰り返す**
- **レベル2：感情を繰り返す**
- **レベル3：言い換える**
- **レベル4：要約する**
- **レベル5：信念レベルを繰り返す**

それぞれ説明します。

**・レベル1：事実をそのまま繰り返す**

相手「昨日、彼氏とディズニーランドで初デートだったんだ！　楽しかった～」

あなた「ディズニーランドで初デートだったんだ！　良かったね」

**・レベル2：感情を繰り返す**

相手「昨日、彼氏とディズニーランドで初デートだったんだ！　楽しかった～」

あなた「え～、初デート楽しかったんですね！　いいな～」

**・レベル3：言い換える**

相手「昨日、彼氏とディズニーランドで初デートだったんだ！　楽しかった～」

あなた「2人の恋の始まりですね！　素敵ですね～！」

**・レベル4：要約する**

相手「昨日、彼氏とディズニーランドで初デートだったんだ！　楽しかった～」

あなた「ディズニーランドでの初デート、楽しんで来たんですね！」

**・レベル5：信念レベルを繰り返す**

相手「昨日、彼氏とディズニーランドで初デートだったんだ！　楽しかった〜」
あなた「『お互いに思いやる恋愛がしたい！』って、おっしゃってましたもんね！」

これがバックトラッキング（オウム返し）のレベルです。

単純なオウム返しではなく、レベルが上がるにつれて〝適当に聞いている感〟が薄れてきますよね。相手は聞いてもらっているという感覚が高まります。

レベルごとに難易度も上がっていきますが、日常で練習してみてくださいね。

**ちなみに、バックトラッキング（オウム返し）の注意点としては、ホットボタンで感情移入するということです。ホットボタンとは、行動する「真の動機」「第一の理由」という意味です。**

たとえば「昨日、ディズニーランドに行ったんですよ〜」という会話があったとします。

「昨日」と「ディズニーランド」と、どちらをバックトラッキング（オウム返し）しますか？

**Aさん**
「昨日、ディズニーランドに行ったんですよ」
**Bさん**
「あ〜、ディズニーランドに行ったんですね〜。楽しそうですね〜」

---

普通、このように「ディズニーランド」のほうをオウム返ししますよね。
でも、ホットボタンを間違えてしまうと、

---

**Aさん**
「昨日、ディズニーランドに行ったんですよ」
**Bさん**
「あ〜！　昨日ですか〜！」

聞いているほうは「え？　そこ？」となりますよね。

でも、この間違いをしてしまう人は、じつはよくいます。

だから、お客様のホットボタンを押さえる必要があります。

**お客様のホットボタン**（**真の購買動機**）**を押さえれば契約に至り、押さえられなければ失注です。お客様のことを考えずに「私が、私が」とか「この商品の特徴は」と、一方的な説明をしてしまって、お客様の気持ちを切れさせることが多々あります。**

人は誰しも、行動の真の動機付けを持っています。

では、どうやって相手のホットボタンを理解すればいいでしょうか。

**答えは、あなたが「誰から」「どんなときに」「何を言われると」ホットボタンのスイッチが入るのか？　を日常から把握することです。**

唯一の原理原則は心理です。

それには、あなたご自身が日常でどのように感じているのかをしっかり把握する習慣とクセをつけることです。

# お客様に興味を持たなければ、テクニックもすべて意味がない

あなたは、お客様に興味を持っていますか？

営業研修中に受講者のケイコさん（20代女性）から、このようなご相談を頂きました。

「加賀田先生、私はiPadなどのタブレット販売をしています。

販売において、すでにタブレットをお持ちの方も増えてきたので『2つもいらない』と言われたり、持っていない方には『スマホやパソコンで十分』と言われたりしています。

月により成績がバラバラで、いつも通りやっていても全然数字が上がらないときがあるので、いまよりもクロージング決定率を上げたいと思っています」

そんなケイコさんに、顧客対象を聞いてみました。

**加賀田**　「お客様は、どんな方ですか？」

**ケイコさん**　「40～50代の男性です」

**加賀田**　「40～50代の男性で、すでに過去タブレットをご購入されたお客様は、どんなニーズでご購入されたんですか？」

**ケイコさん**　「はっ！　まったくわかりません！」

**加賀田**

「もしかしたら顧客対象である40～50代の男性には、そもそも興味がないんじゃないですか？」

その後、40～50代の受講者の男性たちから、

男性1：「私もタブレット持ってますよ！　私はもう老眼なので、スマホだと文字が小さくて見えないんです」

男性2：「キャバ嬢とLINEで連絡をとってるんだけど、スマホは奥さんに見られてバレるかもしれないんで、タブレット持ってるよ」

男性3：「タブレットでスケジュール管理するのが、管理者のステイタスになっているんだよ」

このように、さまざまな意見が出てきました。

タブレットを販売している受講者さんが20代の女性だったので、40～50代の男性にそもそも

興味がなかったのです。

ですから、まずお客様に興味を持つことが重要です。

お客様に興味・関心がないと、すべてのテクニックは意味がありません。

目の前の相手に憑依するイメージで、相手になりきってみましょう。

コツは、同じ方向を向いているようにイメージして、相手の中に憑依することです。

- **どんな生活をしているのか？**
- **どんな悩みがあるのか？**
- **どんなことがうれしいのか？**
- **休みの日は何をしているのか？**
- **何が悲しいのか？**

相手になりきってみることで、感じてください。

「真のニーズ」がだんだんわかってきます。

# 「ニューロ・ロジカル・レベル」で、相手の信念レベルをほめる

あなたは部下から、

「時計、かっこいいですね」

と言われるのと、

「〇〇さんと一緒に仕事ができて幸せです。〇〇さんは、いままでで一番の上司です！　〇〇さんは私の師匠です」

と言われるのと、どちらが心に響きますか。

もちろん後者ですよね。

それを心理学的に解き明かしていきましょう。

「**ニューロ・ロジカル・レベル**」という自己認識の階層構造モデルで説明します。

人間の意識の階層は、次の5つに分かれています。

## ニューロ・ロジカル・レベル

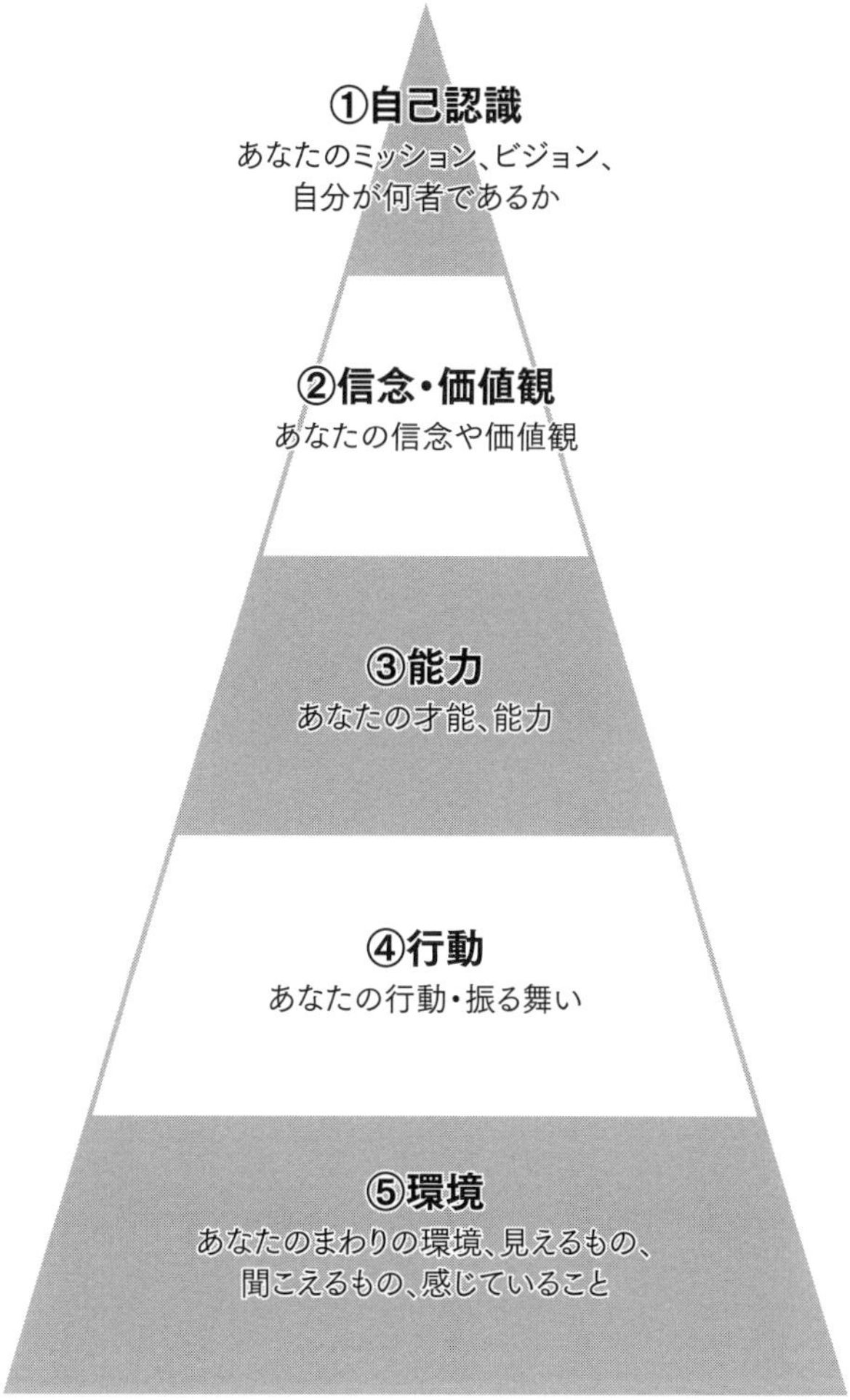

相手の自己重要感を高めたいとき、どのレベルに対しアプローチするかが大切です。相手の行動をほめるのか？　相手の能力をほめるのか？　相手の価値観や信念をほめるのか？　どのレベルをほめるかで、結果がまったく変わってきます。

**①自己認識レベル：「〇〇さんは素晴らしい人です！」**
**②信念レベル：「〇〇さんの仕事観は素晴らしいです！」**
**③能力レベル：「〇〇さんの交渉力は素晴らしいです！」**
**④行動レベル：「〇〇さんの働きは素晴らしいです！」**
**⑤環境レベル：「〇〇さんの働いている会社は素晴らしいです！」**

「自己認識」や「信念」をほめられるとうれしいですよね。

相手の信念や価値観は、相手をよく観察していないと理解できないので、相手の信念や存在をほめるのが一番難しいし、相手が納得できれば本当に感動します。

私の体験をお話しします。

前職で営業マネジャーをしているとき、目先の売上はもちろんですが、成約率を上げるためのセールスシステムの構築に情熱を燃やし、中長期的に、徐々に改善していきました。

それにより、過去と比較して、飛躍的に数字が伸びていきました。

ただ、社長も上司も、誰も私の改善に気がつきませんでした。

彼らは表面的な目先の売上しか興味がなかったからです。

でも唯一、私が可愛がっていた部下が見破っていました。

**「加賀田マネジャーは本当にスゴイっす。過去、誰もできなかったこの改革を成功されてます。〇〇の数字が△△%上がっていますよね。プロフェッショナルマネジャーとしての仕事の取り組み、本当に尊敬しています」**

誰もが気がつかず、そしてほめられることもなかったこの取り組みを認め、ほめてくれたこの部下に対し、私はメロメロになりました。

このように、「信念レベル」のなかでも「仕事観」をほめるというのが、簡単で有効です。

**Aさん**

「Bさん、どのようなお仕事をされてるんですか？」

Bさん
「不動産会社を経営しています」

Aさん
「スゴイですね！　経営されてらっしゃるんですね！　どれくらいされてるんですか？」

Bさん
「3年ぐらいです」

Aさん
「最近、独立起業されたんですね！　ちなみに、その前はどんなことをされていたんですか？」

Bさん
「不動産会社で営業をやってました」

**Aさん**
「なるほど！　起業って大変だと思うんですが、起業されたのはどんな動機だったんですか？」

**Bさん**
「自分でどこまでやれるか？　チャレンジしたかったんです」

**Aさん**
「そのチャレンジ精神、素晴らしいですね！」

**Bさん**
「いや〜。ありがとうございます」

というふうに「仕事観」は誰もが素晴らしいものを持っているので、ほめやすいのです。とくに創業社長は「創業の想い」と「赤字や倒産の危機をどう乗り越えたか？」という話が鉄板ネタです。なので信念レベル、仕事観をほめてくださいね。

# お客様の「秘密の窓」と「未知の窓」に焦点を当てよう

「ジョハリの窓」をご存じですか？　人の心には「開放の窓」「盲点の窓」「秘密の窓」「未知の窓」という4つの窓があるというものです。心理学者のJOSEPH・LUFTとHARRY・INGHAMが考案したもので、これは営業にも使えます。

- **開放の窓：自分も他人も知っている自分**
- **盲点の窓：自分は気付いていないが、他人が知っている自分**
- **秘密の窓：自分は知っているが、他人は気付いていない自分**
- **未知の窓：自分も他人も気付いていない自分**

| | 自分は知っている | 自分は気付いていない |
|---|---|---|
| 他人は知っている | 「開放の窓」自分も他人も知っている自己 | 「盲点の窓」自分は気が付いていないが、他人は知っている自己 |
| 他人は気付いていない | 「秘密の窓」自分は知っているが、他人は気付いていない自己 | 「未知の窓」誰からも知られていない自己 |

トップセールスは、どこに焦点を当てるでしょうか？

**まず「秘密の窓」に焦点を当てます。**

あなたも誰にも話せないような「秘密」「悩み」「苦しみ」を持っていると思います。

そんな「秘密」「悩み」「苦しみ」を、目の前の営業マンが理解してくれたらどうでしょう。

「この人はほかの誰とも違う、特別な人だ」という究極の人間関係が構築できています。


**そして、次に「未知の窓」に焦点を当てるのです。**

「未知の窓」とは、お客様自身も気づいていない「潜在意識（もう一人の自分）」のことです。

その潜在意識（もう一人の自分）に語りかける。潜在意識（もう一人の自分）の叫びを聞いてあげるのです。


「あなたには（お客様には）価値がある！」

「あなたには（お客様には）商品サービスを使って幸せになる価値がある！」


ということに焦点を当てることを、意識してみてください。

# 人間関係構築の3つのゴールとは？

人間関係構築のための具体的なスキルや考え方をご紹介してきました。
この章の最後で、人間関係構築のゴールについてお話しします。
私が目指す「人間関係構築」のゴールは、大きく分けて3つです。

**【ゴール1】**
・「この人（営業マン）はほかの人とは違う！　私のことをわかってくれている」と思わせる
・お客様を「この人（営業マン）に、（商品・サービスに関して）ほかの誰にも話していない自分の悩みをもっと聞いてもらいたい！」という状態にする

**【ゴール2】**

・お客様自身も気づいていない「潜在意識（もう一人の自分）」の叫びを聞いて、語りかける
・「あなたには価値がある！　あなたには（お客様には）商品サービスを使って幸せになる価値がある！」ことを気づかせる

**【ゴール3】**

・お客様を「この人（営業マン）の話をもっと聞きたい！」と営業マンの話を聞く態勢にする

ここまでご紹介したテクニックを駆使して、ぜひこの3つのゴールを目指してみましょう。

この3つのゴールの状態にお客様がなったとき、お客様の人間関係の扉が「カチャ」っと開いて、次のステップに行くのです。

## 第3章まとめ

- お客様とは「医者」と「患者」のような関係を目指す
- ラポールを構築する
- 「この人はほかの人とは違う！私のことをわかってくれている」と思わせる
- 「この人に、ほかの誰にも話していない自分の悩みを聞いてもらいたい！」と思わせる
- 「この人の話をもっと聞きたい！」と思わせる

# 第4章

# 台本営業®ステップ2
# 「ニーズの深掘りとウォンツアップ」

## ニーズとウォンツの違い

これからお話しするのは、トップセールスの中では密かに、隠れておこなわれているやり方です。どの営業本にも書いていなかった方法「**ニーズの深掘り**」を伝授します。

まず、ニーズ（必要性）とウォンツ（欲求）の違いについて考えましょう。

### 「歯が痛くて歯医者に行きたいんです」

これは、ニーズ（必要性）とウォンツ（欲求）のどちらが強いと思いますか？

ニーズ（必要性）ですよね。

「歯が痛いから歯医者に行かないといけない」というのは、どうしても緊急で必要であるというものなので、ニーズです。

## 「ベンツ（フェラーリ）が欲しい」

これはニーズ（必要性）とウォンツ（欲求）どちらが強いですか？

移動手段というニーズ（必要性）だけで考えれば安い国産車で十分です。「ベンツ（フェラーリ）が欲しい」というのは、「金持ちとして見られたい！」「女性にモテたい！」など欲しいという欲求が強いため、ウォンツですね。

いままでのセールスの本は、その多くが「ニーズ喚起したあとで、ウォンツアップ（欲求を刺激する）をしましょう！」と教えてきました。

**しかし、私のやり方は「ニーズ喚起」で終わらずに、「ニーズを深掘り」していって、かつウォンツ（欲求）も上げるというやり方です。**

「ニーズの深掘り」をやれば、成約率が20～40％上がります。

それをこれからやっていきたいと思います。

このニーズの深掘り（地獄を見せる）に、「台本営業®」メソッドの秘密があるのです。

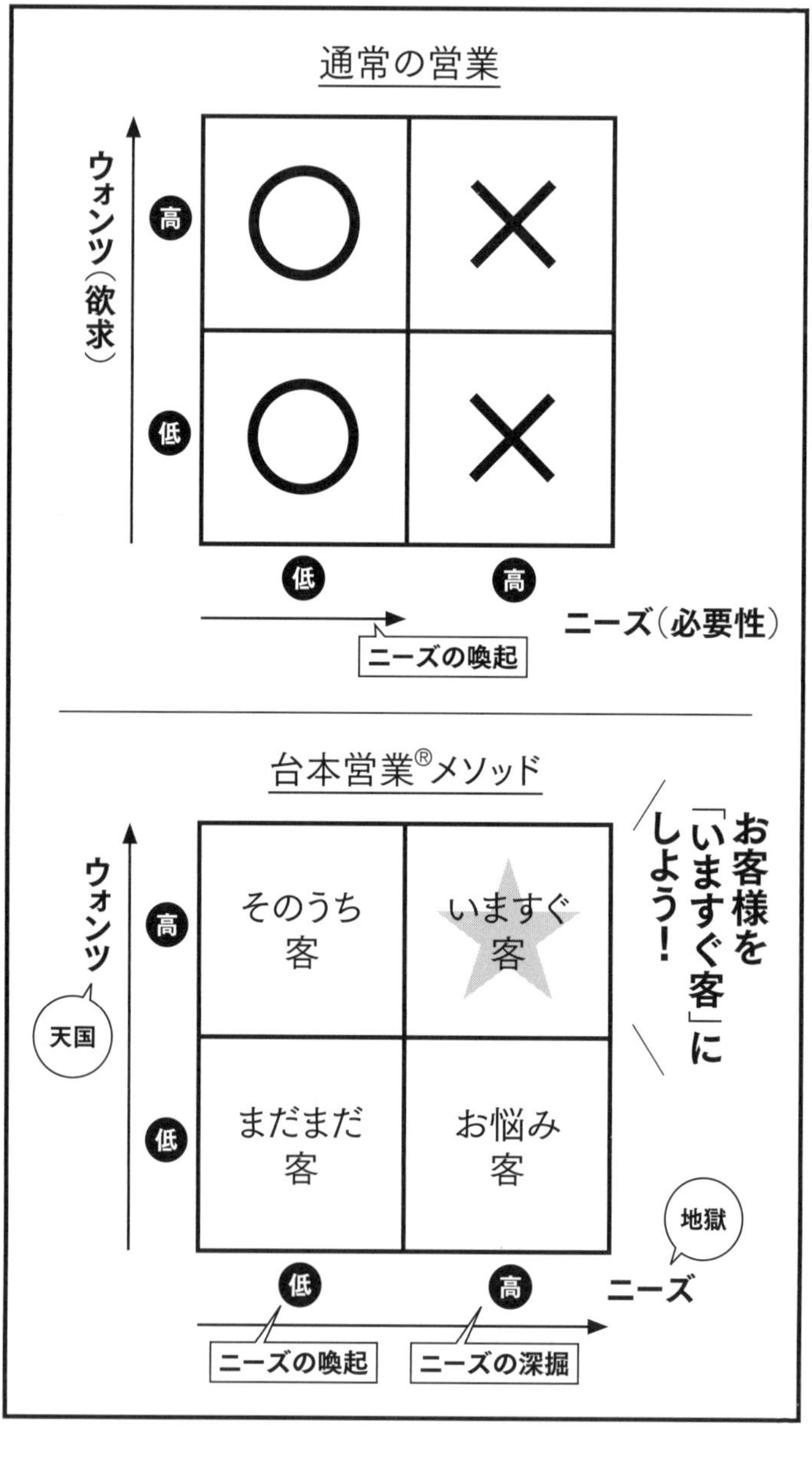
通常の営業
ウォンツ（欲求）
高
低
○
×
○
×
低
高
ニーズ（必要性）
ニーズの喚起
台本営業®メソッド
お客様を「いますぐ客」にしよう！
ウォンツ
天国
高
低
そのうち客
いますぐ客
まだまだ客
お悩み客
地獄
低
高
ニーズ
ニーズの喚起
ニーズの深掘

## 「ニーズ商品」と「ウォンツ商品」では営業方法が違う

ニーズの深掘りは「地獄を見せる」こと、ウォンツアップは「天国を見せる」こと。実際はそこまで単純ではないのですが、わかりやすいように「ニーズの深掘り」と「ウォンツアップ」を、練習問題として単純化して解いてみましょう。内容的には第2章の台本営業のサンプルでもご紹介した例と同じですが、それを説明しながら見ていきます。

**【練習問題】**

あなたは、研修運営会社の営業マンです。

IT業界ベンチャー企業（資本金1000万円、年商20億円、社員数約100名、創業7年）の経営者に、営業研修の営業にやってきました。

「ニーズの深掘り」から「ウォンツアップ」をどのようにおこないますか？

**あなた**「御社、すごい急成長されてらっしゃいますね。業界でも、イケイケのお噂をお聞きします！」

**お客様**「いや～、そんなことないんです。じつはけっこう問題があるんですよ。なので今日来ていただいたんですよ」

**あなた**「なるほど。急成長されていらっしゃるので、成長ならではの歪みもいろいろ出てきますよね。ちなみに営業の部署に関して、採用・育成・評価・配置とか、どのようなことでお困りなんですか？」

**お客様**

「じつは、営業マンの『育成』が成長に追い付いてないいんですよね～」

ここでニーズが出てきました。次に、

**あなた**
「なるほど、そうですよね。皆さん通常業務と数字を追うので忙しいですもんね。教育に時間が取れない」

**お客様**
「そうです！　日々の売上のノルマもありますし、マニュアルをつくる時間もないのです」

こんな感じで、ニーズを喚起していきます。

**あなた**
「なるほど、わかりました。そうしますと、トップセールスと新入営業マンとの売上の差が、かなりあるかもしれませんね」

**お客様**
「はい、そうなんです。トップセールスはかなり売るんですが、入ったばかりの営業マンは営業未経験で売れないんです」

ここで「ニーズ喚起」をしただけで、すぐに商品説明に入ってしまうと、失注してしまいます。ここから、どんどんニーズを深掘りしていきます。

**あなた**
「とてももったいない状況ですね。10人の営業マンがいたとして、一人がトップセールスで売上が100万円、あとの9人が0円だと、全体の売上は100万円。トップセールスがいなくても10人が全員60万円売り上げたら、全体の売上は600万になりますからね!」

このようなイメージです。

**あなた**
「この前、営業研修を導入された御社と同じ業界の企業様も、『トップセールスが病気になってしまって、売上が激減してしまったから研修を導入したんだ』っておっしゃっていましたよ」

**お客様**
「そうなんですよ！　うちもこの前トップセールスが病気で休んでしまって、全体の売上がガクッと減ってしまったんです」

**あなた**
「なるほど。もし万が一ですけれど、いまのようなトップセールス頼みの状態が続いていると、どのようなリスクがあるんでしょうか？」

**お客様**

「先ほどお話ししたように、売上のバラツキがありますよね。また、売上の激減があるかもしれない。出店計画が読めなくなります」

**あなた**
「そうですよね。売上が不安定ですし、拡大にもリスクがあるかもしれないですね。そういった状態で、競合がマクドナルドのように営業をマニュアル化して、攻めて来たら？」

**お客様**
「そうなんです！　じつは競合他社がいますごい勢いで、当社を追いかけてきてるんですよ！」

どんどんニーズを深掘りします。

**あなた**
「なるほど、それは大変な状況ですね。競合他社がすごい勢いで追いかけてきているとのことですが、もし、そうならないように想像したいのですが……競合他社がそのまま売上を伸ばしたら、御社はどのような状況になりますか？」

**お客様**
「もちろん、売上が減少するでしょうね」

**あなた**
「売上が下がると、どうなってしまいますか？」

**お客様**
「どうなるって？」

---

ここで、ポイントです。

**ニーズを深掘りしていくと、お客様が離脱しそうになる瞬間があります。人はマイナスなことは考えたくないからです。離脱しそうになるのを、もう一度元に戻します。**

**あなた**「そうならないように、もし万が一をリスクマネジメントの観点から考えると？」

**お客様**「赤字になっていきます」

**あなた**「そうですよね。もし、赤字が続いたとしたら？」

**お客様**「コストカットしなければならないかもしれません。最悪、従業員を解雇しなければならない事態になるかも」

---

これは「ニーズの深掘り」をわかりやすくしているので、実際にはこんなに簡単にはいかないですが、このように「ニーズを深掘り」していきます。

**あなた**
「社員を解雇したら、会社の士気は下がりますよね」
**お客様**
「そうですよね」
**あなた**
「『この会社、やばそうだ！』って優秀な社員から辞めてしまって、残った社員は能力の低い社員ばかりとか」
**お客様**
「怖いですね」
**あなた**
「赤字が続いて、優秀な社員が辞めていったら、どうなりますか？」

**お客様**
「最悪、事業をたたむしかないかも」

どんどん「ニーズを深掘り」しています。つまり、「地獄を見せる」のです。

---

**あなた**
「なるほど。倒産ですね。銀行からの借り入れも社長個人が連帯保証していると思いますので、会社が倒産すれば、社長個人も自己破産になりますよね。その場合、奥さんや家族に迷惑がかからないように事前に離婚して、自分だけが破産するってこともあるみたいですが、そうなったらどうなります？」

**お客様**
「うーん、やさぐれてしまって生活も荒れて仕事をする気力とかもなくなって、生活保護とか受けてるかもしれないです。行方不明になって、誰にも知られずに自殺しちゃうかもしれないです」

**あなた**
「うーん。もしかしたら最悪そうかもしれないですね。従業員の皆さんもご家族がいる方もいらっしゃると思いますが、倒産したらどうなってしまいます？」

**お客様**
「従業員もそれぞれ家庭を持っていて、いま家を建てたばっかりの若い社員もいますし、そういった人間を路頭に迷わせることになってしまうかと思います」

**あなた**
「路頭に迷うと、『社長のせいだ！　幹部のせいだ！』と言われるかもしれないですね。そうなったら、どうなります？」

**お客様**

「そうなったら、もう考えられないですけど」

**あなた**
「もし、そこをあえて考えるとどうなります？」

**お客様**
「もう、それぞれがんばってもらうしか、そうなったら、もうやる方法がないんですけど、私は一生かけて従業員に償うしかないですね」

**あなた**
「どのように償うんですか？」

**お客様**
「具体的な方法は、いま思いつかないです」

**あなた**
「そうなりたくない気持ちは強いですか？」

**お客様**
「なりたくないですね。そんな姿を見せたくないですし」

ここで、「ニーズの確認」に入ります。

**あなた**
「それはどうしてですか？」

**お客様**
「いままで自分を応援してくれたので、報いていきたいという気持ちです」

**あなた**

「そのお気持ちは本気ですか?」

**お客様**
「本気です」

再度、自己説得してもらいます。

**あなた**
「どうしてですか?」

**お客様**
「義理がありますから」

**あなた**
「そうですね。社長は常日頃『義理人情が大切だ!』とおっしゃってましたからね!」

「どうしてですか？」という質問は文脈としてはおかしいので、聞くのに勇気がいります。

しかし「この地獄の状況を変えたい！」というお客様の決意をどんどん固めていくのが目的なので、「営業トーク」としては正解です。

もちろん実際の商談ではこんなに簡単にはいかないのですが、凝縮してお話ししています。

さて、ここからは「ウォンツアップ」です。

**ニーズを深掘りして「このままだと地獄に落ちる、もうこの状況は嫌だ」と思わせてから初めて「天国」に導こうということです。**

**あなた**　「企業は社会的な責任もあります。御社の良い商品・サービスを世に広めなければなりません」

---

**お客様**

「そうです、そうなんです！　社員の家族も守らなければなりません。その責任があるのです！」

**あなた**

「なるほど。それで営業のマニュアル化『営業台本』の作成を検討されているんですね」

**お客様**

「そうなんです。『営業台本（トークスクリプト）』を作成したいんです。トップセールスは忙しいし、やり方もわからないので、自分たちでゼロから試行錯誤するのではなく、プロにご相談に来たのです」

**あなた**

「なるほど、そうですよね。売れる『営業台本（トークスクリプト）』を作成すれば、その営業台本を改善することで、成約率も上がり、売上もアップしていきますよ！」

**お客様**

「なんか、ワクワクしてきますね！　全員が売れるようになっていきますね！」

このようにウォンツアップし、天国を見せます。ニーズを深掘りして地獄を見せて、もう嫌だと思わせてから天国を見せるということです。

---

**あなた**

「『気合を入れて営業しろ！』なんて精神論ではなく、営業台本を改善することに焦点が当たりますから、『営業台本のここを直そう！』とか『職場の雰囲気も良くなった！』と、皆さんおっしゃっています！

もちろん時代は変わります。お客様の嗜好も変われば、競合も変わりますので、『営業台本』の改善は永遠です。そういえば〇〇さん、売上が安定して上がっていったら、どのような計画があるんですか？」

**お客様**

「出店計画を加速したいんですよ。まず、全国展開とか！」

**あなた**
「いいですね〜」

**お客様**
「そして、福利厚生もしっかりしたいんですよ。従業員がみんな楽しく働けるように、イベントとか、社員旅行にハワイとかいいですね！」

---

**あなた**
「いいですね〜。社員様が安心して働ける環境って素晴らしいですね！」

イメージできたでしょうか？　通常の営業マンは「ニーズ喚起」で終わっているので、お客様の本気度が高まっていないところを、「ニーズを深掘り」していくのです。
「ニーズの深掘り」がいかに大事か、わかっていただけたと思います。
さて、では次から、ニーズの深掘りの7つの原理原則をお話しします。

# ニーズの深掘り7つの原理原則

ニーズの深掘りには原理原則が7つあります。ご紹介していきます。

## ニーズの深掘りの原理原則1
## 「お客様の痛みを自分の痛みと感じる」

昔から「さんとう」という言葉があります。

「倒産」「闘病」「投獄」の3つの言葉の頭文字をとったものですが、このような大きなインパクトがないと、人は変わらないという意味で使われる言葉です。

たとえば、Aのお医者さんとBのお医者さん、2人のお医者さんがいました。

**A医師**
「糖尿なので、治したほうがいいですよ」

**あなた**
「なるべく薬は飲みたくないので、飲まなくてもいいですか？」

**A医師**
「いいですよ」

3か月後、Bのお医者さんに行きました。

**B医師**
「あなたは糖尿です！　このままだと死にます！　すぐ薬を飲んでください！」

**あなた**

「3か月前に、ほかのお医者さんで大丈夫と言われたんですけど」

**B医師**
「いや、3か月前から治療をしなければいけない状況だったんです！　眼底出血しているかもしれないから、明日、眼医者にすぐ行って検査してください！　血圧計を買ってすぐ測ってください」

---

Aのお医者さんと、Bのお医者さん、どちらが良い医者だと思いますか？

もちろんBですよね。

Aのお医者さんは、別に患者さんが死んでも構わないと思ったかもしれません。Bのお医者さんは自分の痛みと感じて、「治さないといけないですよ！」と言ってくれたのです。

「小さな故障」では人は直しません。「大きな故障」にしてあげないと人は動かないんです。

これは、お客様の痛みを自分の痛みと感じて初めて言えるということです。

「ニーズの深掘り」こそすべてです。ニーズを深掘りしないと、人は変わりません。深掘りしてあげることが重要です。

## ニーズの深掘りの原理原則2
## 「掘り下げの基準はお客様の決意を確認できるまで」

「だから変えたいんです！　だからあなたに聞きに来たんじゃないですか！　だからあなたに来てもらったんですよ！」

極端に言うとお客様が逆ギレするくらいまで深掘りするのが秘訣です。

言葉だけでなく表情からも読み取ってください。普通の会話では、そこまでなかなか深掘りすることはないでしょう。なので、ここまでニーズを深掘りすると効果があるのです。

## ニーズの深掘りの原理原則3
## 「ニーズの深掘りは、人間関係が築けていないと難しい」

なぜ、多くの人が「ニーズの深掘り」をしないのか？

それは、人間関係が築けていないと、ただの失礼な人になってしまうからです。

「お前に言われたくないよ！　失礼な奴だな！」と怒られてしまうのです。

たとえば、あなたに数十年来の親友がいたとします。

本当の親友だったら、言いにくいことも言ってくれるはずです。

逆に、そうでなければ親友とは呼べませんよね。

数十年来の親友のような人間関係を築けば、普通の人が言いにくいことを言っても喜ばれるのです。ですから「ニーズの深掘り」の前に第1ステップの人間関係の構築が必要なのです。

## ニーズの深掘りの原理原則4
## 「ニーズの深掘り→ウォンツアップの順が絶対」

2人のお医者さんの例で違いを体験しましょう。

**A医師**

「一緒に治療をがんばっていきましょう。ただ、レントゲン写真に黒い影があって、大変な癌かもしれないです」

**B医師**
「レントゲン写真に黒い影があって、大変な癌かもしれないです。ただ、一緒に治せば絶対に治せますから！　一緒にがんばって治療しましょう」

どちらのお医者さんの言葉で、生きる希望が湧きましたか？

Bの先生ですよね。地獄を見せてから天国を見せているからです。

逆に、Aの先生のように「一緒にがんばりましょう。ただ、黒い影が……」と先に天国を見せてから地獄を見せると、確実に意気消沈してしまいます。

## ニーズの深掘りの原理原則5
## 「ウソは言ってはいけない。自分に跳ね返ってくる」

当たり前ですが「ウソ」はダメです。これは、スキル（テクニック）以前の話です。

ですから、あなたが扱っている商品・サービスを本当にあなたが愛していること、お客様を本当に愛していることが必要です。ウソを言ったりしていると、あなたの説得力が薄れていきますし、タイムラグはあっても、自分のおこないは自分に跳ね返ってきます。

## ニーズの深掘りの原理原則6
## 「セールスの目的はお客様を〝万が一〟から守ること」

たとえば医療保険は、いま健康だと思っている人は「必要ない」と思います。しかし、万が一のときにないと、大変なことになってしまいます。保険に限らず、営業マンの仕事はお客様を「万が一の場合」から守ることであって「現状」から守ることではない、ということです。

## ニーズの深掘りの原理原則7
## 「一方的な説明では心を閉ざす。引き出すことがキモ」

化粧品を売りに来たAのセールスマンとBのセールスマンがいるとします。

まずAのセールスマン。

**Aのセールスマン**
「お肌の悩みって結構あると思うんですよ。しみ、シワ、そばかすとか。どんなところが悩みですか？」

**お客様**
「え、いや別に……大丈夫です！」

次にBのセールスマン。

**Bのセールスマン**
「化粧品のおすすめに来たのですが、○○さん、すごいお肌がプルプルしていて、すごく素敵ですね！　彼氏が10人くらいはいるんじゃないかってくらいお綺麗なんですが、ちなみに、お肌の悩みって、どんなことがありますか？」

**お客様**
「そんなことないですよ（笑）。しみ、そばかすとかが、悩みなんです」

こんなふうに心からほめると、「そうでもないんですけど……」という感じで、ニーズを顧客が自ら出してくれます。

Aのセールスマンのようにネガティブなことをいきなり聞くと、「いやいや、お前に言われたくないよ」と腹が立ちます。ほめると「いやいや、そうでもないんですよね～」と謙遜します。「お仕事、すごくうまくいってますね」と言うと、「いや～、そんなことないです。だからあなたにご相談に来てもらったんです」という感じで、問題点が出てきます。

ニーズを引き出すときに、ほめて引き出すというやり方は、効果的なのです。

以上がニーズの深掘りの7つの原理原則です。覚えておいてください。

# 顧客の状況を具体的に把握する

ここからは、あなたの「営業台本」をつくっていこうとするときに大切なことをご紹介していきます。まずは、顧客の状況を具体的に把握する、ということです。

「こういうお客様の営業台本をつくりたいな」という典型的な例を考えてみてください。

実際の商談でも、事前にＷＥＢやＳＮＳなどで見込み客の現状、たとえば、

- **事業内容**
- **業績**
- **トップメッセージ**
- **ビジョン**
- **競合他社の動き**

・**業界動向**

などを調査し、見込み客が抱えている課題を推測していますよね。

【例】

・研修運営会社の見込み客（IT業界ベンチャー企業）

・資本金1000万円、年商20億円、社員数約100名、創業7年、IT業界

・課題：業績は急上昇し、積極的に中途採用しているが、自社で社内研修を実施するような人材がいないため、社員の定着率が悪い。

こんなふうに、実際の商談でお客様のところを訪問するときに、

「**お客様はどんな課題を抱えているか？**」

「**どのような提案ができるか？**」

というのを、あらかじめ調査しておいて答えられるようにしておく、ということです。

いわゆる「ペルソナ」です。

## 「ニーズ認定」の質問をする

次に、顧客設定に合わせた「ニーズ認定」をしましょう。お客様に問題点を自覚させるという意味があります。先ほどの人材教育の営業マンの例で見てみます。

**営業**
「〇〇さん、人事に関して、採用・育成・評価・配置、どのようなことでお困りですか？」

**お客様**
「良い人が入ってきても、すぐ辞めちゃうんだよね〜。業務が忙しくて、社内で育成研修できていないのが原因かもしれないいな」

**営業**
「そうなんですね〜。100万円〜150万円の採用広告費をかけて、能力高い人を採用しても、教育育成制度がないと、あっという間に辞めちゃいますからね」（**ニーズ認定**）

ポイントは、お客様に問題点を自覚させるニーズ（顧客の抱える問題点）を複数出せるように話をすることです。


ひとつだけだと、説得力に欠ける場合があります。

たとえば、普通に「レストランに行こう！」と思ったときに「味・コスト・雰囲気・立地」など気になる点はいくつもあるはずです。

ですから、ニーズの認定は3つくらいを意識しましょう。

## 「ニーズの深掘り」の質問をする

ここが一番「キモ」の部分です。

説得しようとすると、お客様は反発します。ニーズの深掘りをして、引き出しましょう。

**なお、ニーズの深掘りを「お客様を煽るようで嫌だ」と思う方もいらっしゃるのですが、煽ることとは違います。**そもそもセールスの目的は、お客様を「万が一の場合」から守ることであり、「現状」から守ることではないのです。

同じく人材教育の営業マンの例で見てみます。

**営業**
「もし教育研修がなくて、採用してもすぐ辞めてしまう現状が続いたら、どうなりますか？」

**お客様**
「また、採用するしかないよね」

**営業**
「高い採用広告費をかけて良い人材を採用しても、すぐ辞めてしまう状態が続くと、誰が影響を受けますか？　大変、恐縮ですが、担当の○○さんの立場とかも、ありますもんね」**（人事担当者が左遷かクビの恐れが大きいことを想像させる）**

**お客様**
「そうなんだよ。社長から、なんとかしろ！　と前の会議で言われてるんですよ」

ここでは、お客様が「辞めてしまう状況が続いてもまた、採用すればいい」と言って、ニーズの深掘りができなくなりそうでした。だから論点をずらして「ご自身の立場が悪くなるかもしれない」と深掘りを開始しました。

ちなみに、実際の商談では、お客様に質問をしても「ニーズの深掘り」ができない場合があります。お客様のほうに、質問に対する答えがない場合です。

**その際は、「このような大変な状況になった方がいらっしゃったので、そうならないようにお話ししているんですよ」と、第三者話法を使いましょう。**

たとえば、生命保険の営業マンが保険の必要性を伝えるために「ニーズの深掘り」を第三者話法で伝えるトークを考えてみましょう。こんな感じです。

独立したばかりのご主人と、小さなお子様と、奥様がいるご家庭の話です。
そのご主人が、ある日、突然亡くなってしまったんです。
しかし、ご主人は生命保険に入っていなかった。
奥様は、子どものために一生懸命に働きました。
しかし、遺族年金（6万5千円）とパートで働いたお金では、ご主人が残した借金を返したら、いくらも残りません。

子ども（さとしくん）が小学6年になったときに、修学旅行があったんです。

給食代を払うのにも必死だったので、修学旅行の費用を払うことが、奥様にはどうしてもできなかった。

修学旅行の3日間、さとしくんは、たった独りでポツリと教室に残って、自習をすることになりました。

修学旅行、最後の夜、奥様はボロボロ泣きながら、さとしくんに謝りました。

「**さとし、ごめんね。お母さん、さとしを、修学旅行に行かせてあげられなくて、ダメなお母さんで、ごめんね**」

そしたら、さとしくんもボロボロ泣きながら、

「**お母さん、泣かないで。いいんだよ。ぼく勉強、好きだから。ぼく、もっともっとがんばるから、お母さん、泣かないで**」

って、抱き合って、2人で泣きあかしたんです。

じつはこの奥様が私の友だちで、

もちろん亡くなる前ご主人に保険をおすすめしていたんです。

でも、ご主人は、

**「独立したばかりで、保険料を支払うのがもったいない。借金もあるから」**

と保険に加入しなかったんです。

でも、こんなことになってしまって、

**「あぁ、もっとおすすめしておけばよかった。私は親友を助けることもできなかった」**

と、本当に本当に、後悔してるんです。

保険に入っていさえすれば、
愛するお子さんと奥様に、このようなつらい思いをさせなかったのです。
保険は「愛」なのです。残された家族への「愛」を形にしたのが保険なのです。
こんな思いをさせないように、ご家族への「愛」をお金に込める保険が必要なのです。

いかがでしょうか？

第三者の例があると、お客様も一気に自分ごととして考えられますよね。

# 「ニーズの決意と確認」の質問をする

次に「ニーズの決意」と「ニーズの確認」の質問です。

「ニーズの深掘り」で見せた、地獄の状態を変えたいというお客様の「決意」と、ほかに悩みがないかを「確認する」という段階です。

それぞれ、人材教育の営業マンを例に見てみましょう。

## ・問題解決に対する「決意」の確認

**営業**
「いままでお話をお聞きしまして、○○ということをご心配されてましたが、それを変えていきたいな～という気持ちは本気（強い）ですか？」

**お客様**「はい！」

**営業**「どうしてですか？」

**お客様**「やっぱり、まだ、可能性があると思うし」

---

ポイントは、お客様の変えたい気持ちは本当に強いのか？　本気なのか？　この状況を変えたいですよね！　というやり取りをすることです。「決意を確認する」のです。

## ・「ニーズの確認」の質問（ほかに問題がないか、を確認する）

**営業**
「ほかに、何か心配ごとはありますか？」

**お客様**
「評価制度とかも、整ってないんだよな〜」

このように、ほかに問題がないかを確認しないと、最後のクロージングの段階で、「いやいや、ほかにこういう問題があったんだよね〜」とネガティブ（反論）が出てきて、失注するときがあります。

なので、事前に「ネガ（反論）」を出しておくようにしましょう。

# どこまでいけば「ニーズの深掘りができた」と言えるのか

「ニーズの深掘り」のゴールは2つです。

**（1）緊急度（いますぐ！）**
**（2）重要度（本気で！）**

この2つのゴールに到達したかを知るには、

「だから、あなたに来てもらったんです！」

「本当に、この状況にウンザリ！」

など、お客様の「言語情報」からも把握できますが、もうひとつ重要な要素があります。

「キャリブレーション」です。

「キャリブレーション」とは、相手の心理状態を言葉以外で認識することです。

言葉以外とは「表情」が代表的ですが、姿勢、呼吸スピード、声のトーンやテンポなども同様です。

たとえば、クロージングの実践の場面で、「こちらがいいですね」と見込み客が言っていても、表情や声のトーンが暗かったら「このままでは成約しないだろう」と推測できます。

キャリブレーションのポイントは3つです。

**（1）視覚情報：表情、目線、姿勢、頷き方**
**（2）聴覚情報：話し方、スピード、リズム**
**（3）感覚的情報：暖かい雰囲気？　熱意を感じるか？　冷たい雰囲気か？　冷静か？**

成約率を高めるには、相手の心理状態を言葉以外で認識する「キャリブレーション能力」を高めることです。相手の状況を理解・感じることが重要なのです。

いきなり商談で使おうと思っても使えません。

コツはなにより「人をよく見ること」です。日常で練習してくださいね。

# ウォンツアップはこうしなさい

ニーズの深掘りが済んだら、次はウォンツアップに行きたいと思います。ウォンツアップは「スイートドリームトーク」と呼んだりします。購入後の甘い夢を見せる部分です。

ウォンツアップのポイントは3つあります。

**・ポイント1「うまくいった姿をイメージしてもらう」**

お客様に、ありありと想像してもらうことが重要です。

うまくいった場合を「イメージ」してもらうことで、購買意欲をわかせます。

人材教育の営業マンの例で見てみましょう。

「もし研修制度を導入して、優秀な人材の定着率が上がって、生産性も向上したらどうですか？」

**お客様**

「それは素晴らしいですね」

**営業**

「そういえば、ほかのお客様は、担当者として評価が上がってボーナスが1・5倍になったそうです！『かみさんがすごい喜んでさ』と喜びのご報告をいただきましたよ！」

---

**・ポイント2「トークの順番を守る」**

トークの順番は、「ニーズの深掘り（地獄）→ウォンツアップ（天国）」が鉄則です。

逆に、「ウォンツアップ（天国）→ニーズの深掘り（地獄）」にすると盛り下がります。

**・ポイント3「WHYに焦点を当てる」**

会話には「レイヤー（階層）」があります。

・WHY：なぜ？
・HOW：どうやって？
・WHAT：何を？

です。

売れない営業マンは商品説明に焦点が当たっています。

つまり、HOW（どのように）とか、WHAT（何を）ばかり説明するのです。

トップセールスはWHY、つまり「なぜ、それをお客様がする（買う）必要があるのか？」に焦点を当てています。

「なぜ、あなたはその商品・サービスを買う価値があるのか？」

←

「あなた（お客様）にはその商品・サービスを使って豊かになる価値があるからだ」

ということに焦点が当たっています。

ちなみに「ウォンツアップをどこまですればいいのですか？」もよくいただく質問です。

「ウォンツアップ」の基準は簡単です。

恋愛を思い出してください。大好きなあの人のことを考えると夜も眠れなくなる。そのような恋愛ってありましたよね。

お客様は、血迷わないと契約しません。

**「あなたのこと（あなたの商品・サービス）を考えると、夜も眠れない」**

**「いてもたってもいられない」**

そのような状態に持っていくのが「ウォンツアップ」の基準です。

# 押さえておきたい「テストクロージング」

ここまで台本営業®ステップ2の「ニーズの深掘りとウォンツアップ」についてご紹介してきましたが、ステップ3の「商品説明」に入る前に絶対に必要なことがあります。

それは、「テストクロージング」です。

**テストクロージングをしてから「商品説明」に入るのが、正しい順序です。**

日本人の多くは「クロージングをして嫌われたくない」と思っています。

嫌われないクロージングのキモが「テストクロージング」なのです。

**逆に、テストクロージングがないクロージングはただの「押し売り」になってしまいます。**

一般的なテストクロージングの定義は、「お客様のニーズ（悩み）、ウォンツ（希望）が自社の商品・○○で満たされたら購入したいか？」の言質をとることです。私のテストクロージングの定義は、「商談の各段階で、トークを先に進めていいかどうかの確認をする行為」です。

たとえば「商品説明」の前のテストクロージングでは、このような感じです。

**営業**
「いま○○さんのお話を伺いまして、□□という心配事（問題）を解消して、△△という結果をご希望されているということでしたが、これからご紹介する商品が○○さんにとって、本当に必要なければ無理におすすめしません。断っていただいて結構です。お話、お聞きになりたいですか？」

ポイントは、このように相手が「YES」という状態になってから、次に進めるということですが、もっとテストクロージングの文言を短くすると、

**「もし必要なければ断っていただいて結構です。お話、お聞きになりたいですか？」**

でもOKです。

テストクロージングがないクロージングと、テストクロージングがあるクロージングの違いを考えてみましょう。

テストクロージングがないクロージングは、お客様はどう思うでしょうか？

「説明を聞いたら、無理やり買わされる」「押しつけがましい」
このように思われるかもしれません。「押しつけがましい」「押し売りされる」と思うと、次はどんなふうにお客様は感じると思います？

**「断る理由を考える」**

そう、お客様は商品説明を聞いているときに、「必要かどうか」ではなく「どうやったら断れるか？」と考えるのです。

たとえば「この会社うさんくさいな」「この営業マン押しつけがましいな」とか、「まだ必要ないいんじゃないか」と、断りの理由を考えるのです。

**テストクロージングで「無理におすすめしません、断っていただいて結構ですよ」と言われたら、お客様はいつでも断れる訳ですから、その商品サービスが「本当に自分にとって必要かどうか」を考えてくれることになります。**

なので、テストクロージングがないクロージングとテストクロージングがあるクロージングでは、お客様の気持ちはまったく違います。テストクロージングは必須なのです。

さらに、テストクロージングには「裏の意味」があります。

**営業**
「もし必要なければ断っていただいて結構です。話をお聞きになりたいですか？」

**お客様**
「はい」

ということは、

**営業**
「必要ならばクロージングしていいですか？」

**お客様**
「はい」

と、裏で無意識的に言っているのと同じことなのです。

# どうすれば即決してくれるのか？

テストクロージングには、多くの営業マンが悩む「あの問題」を解決する、とても重要な役割があります。

**その問題とは、結論の先延ばしです。**

商談の最後に「検討したいんです」と言われたら、「反論解決」でひっくり返す必要があります。営業マンの心情として「検討したいんです」と言われたくありません。

どうするか？

**「即決を促すテストクロージング」をするのです。**

例を挙げましょう。

「〇〇さん、先ほど『いまのままだと、倒産するかもしれない』とお聞きしました（ニーズの深掘りで出てきた最悪の状況を再現）。

いまの状況を変える必要があると強くお思いだと思います。

善は急げ！　ではありませんが、少しでもいいなと思ったら、早速スタート（ご購入）してください。そうでなければ、それはそれで構いませんので、「イエスかノー」かのご判断は、いまこの場で皆さんにしていただいているのですが、よろしいですか？」


---

つまり「**よかったら購入してください。そうでなくても今日、この場で決断をしてくださいね**」と確認するのです。

このテストクロージングでお客様が「はい」と言えば、普通のモラルのある人間であればクロージングの最後で「検討します」とは、言い出しづらくなります。

そして、本気で商品・サービスが自分にとって必要か？　を考え出すのです。

まれに、この即決を促すテストクロージングで「はい」と言ったにもかかわらず、「検討したいんです」とお客様が言ってくることがあります。

その場合は、お客様が「矛盾したこと」を言っていることになるので、営業マン側が心理的に主導権を握ることができます。

「え？　買うか、買わないかの判断をするって、おっしゃいましたよね」

とはお客様に直接言わないにせよ、心理的に優位に展開できるのです。

これは、営業マン（あなた）のマインドを守るためにも、とても重要なことです。

さて、このテストクロージングで「いや、話を聞きに来ただけだから」と言われたら、そのお客様に、そのままクロージングしても決まりません。

再度ヒアリングに戻るか？　商談を止めるか？　見極めるポイントになります。

テストクロージングには、さまざまな言い方、さまざまな強度があります。

**営業**

「〇〇さん、私もいろいろなお客様にご説明しなければいけないので、大変恐縮ですが、会社からの指示で、〇〇さんに同じ説明を何回もできないんです。

ですので、これからお話をお聞きいただいて、もし気に入ったら、ぜひ今日スタートしてください。気に入らなかったら断っていただいて結構ですので。よろしいですか？」

これが「経営者相手」の商談であったら、

**営業**

「経営者は従業員と違って〝決断〟が仕事と聞いております。〇〇社長も素晴らしい経営者でいらっしゃるので、大変恐縮ですが、いまこの場でご判断をよろしくお願いします」

一般的なテストクロージングは、

**営業**

「もし必要なければ断っていただいて結構ですが、お話、お聞きになりたいですか？」

これが「商品説明」前の一番短くて、シンプルなテストクロージングです。
テストクロージングの「営業台本」を磨いてくださいね。

## 第4章まとめ

- 「ニーズ喚起」だけで終わらず、ニーズの深掘りをしよう
- ニーズの深掘りの原理原則1「お客様の痛みを自分の痛みと感じる」
- ニーズの深掘りの原理原則2「掘り下げの基準はお客様の決意を確認できるまで」
- ニーズの深掘りの原理原則3「ニーズの深掘りは、人間関係が築けていないと難しい」
- ニーズの深掘りの原理原則4「ニーズの深掘り→ウォンツアップの順が絶対」
- ニーズの深掘りの原理原則5「ウソは言ってはいけない。自分に跳ね返ってくる」
- ニーズの深掘りの原理原則6「セールスの目的はお客様を〝万が一〟から守ること」
- ニーズの深掘りの原理原則7「一方的な説明では心を閉ざす。引き出すことがキモ」
- ウォンツアップは、顧客が「いてもたってもいられない」状態になるまで
- 「ニーズの深掘り・ウォンツアップ」が終わったら「テストクロージング」の実施

第5章

# 台本営業®ステップ3
# 「商品説明」

# 商品説明は「FABECの公式」で完璧だ！

これからお話しするのは「FABECの公式」と言って、商品説明の最強の公式です。セールススキルが進化しているアメリカでできたもので、実践で使えるものです。

・F：FEATURE（特徴）
・A：ADVANTAGE（特長）
・B：BENEFIT（利益）
・E：EXPLANATION（説明）
・C：CONFIRMATION（確認）

それぞれの頭文字をとっています。

あなたの商品説明を「FABECの公式」の型に当てはめることで、自動的に説得力のある商品説明になります。それでは、それぞれについて説明していきましょう。

# FEATURE（特徴）とADVANTAGE（特長）

まず、

「FEATURE（特徴）」

「ADVANTAGE（特長）」

この2つの違いについてお話しします。

読んで字のごとくですが、

**「特徴」：ほかと違って目立つ点**

**「特長」：ほかと違って優れている点**

という意味です。

使い方としては、

**・このカメラの「特徴」は重量があり、電池が持つ（特徴）**
**・このカメラの「特長」は電池の持ちが長いこと（特長）**

このように、優れている点については「特長」のほうを使います。

たとえば、

**・面接に落ちる人の「特徴」〇**
**・面接に落ちる人の「特長」×**

これが「特徴」と「特長」の違いです。

いずれにせよ「特徴（目立つ点）」と「特長（優れている点）」は、見込み客の要望に直結していない可能性があるのです。まずはここを理解しておくようにしましょう。

# BENEFIT（利益）

次にBENEFIT（利益）のお話をします。

ここは、見込み客のニーズ、ウォンツに商品説明を直結させる一番重要な箇所です。

人間関係を構築して、ニーズを深掘り（地獄を見せる）して、ウォンツアップ（天国を見せる）をしてきました。そして、商品説明であなたの商品・サービスに合わせるのがBENEFIT（利益）ということです。

具体的にどうやって使うかというと、5つあります。

**（1）ニーズ・ウォンツを利益にする**
**（2）成果をわかりやすく数字などで表す**
**（3）「すごい！」を体験させる**

**（4）お客様の声を利用する**

**（5）商品を使った自分の感想を伝える**

この5つです。

どういうことか、例を使って詳しく説明します。

**（1）ニーズ・ウォンツを利益にする**

特徴：この家は、広いリビングがあります。

特長：この家は、とっても素敵な広いリビングがあるので、ホームパーティを楽しめます。

利益：○○さん、先ほど「資金援助してくれるご両親に親孝行したい！」とおっしゃってましたので、ご両親に遊びにきてもらって、○○さんのお子さんと一緒のホームパーティを実施したらとっても喜ばれますよ！　このリビングでとっても素敵な「家族の思い出づくり・親孝行」ができますよ！

このようにお客様の利益に落とし込むのです。ニーズとウォンツを利益にするとは、ヒアリングで聞いた地獄と天国を、商品に当てはめるということです。

**（2）成果をわかりやすく数字などで表す**

たとえば、「結果を出す起業塾」と言ってもなかなか伝わりません。

「入塾からわずか3か月で月商7桁超えの起業家を198人輩出、マンツーマンで完全サポートする起業塾」と言ったほうが伝わります。

**（3）「すごい！」を体験させる**

実際に体験すると、お客様の商品を購入した後のリアリティが増します。

車の販売であれば「試乗体験」、家であれば「見学会」を実施します。あなたの商品でも、どうやって体験させることができるかを考えてください。

**（4）お客様の声を利用する**

集めておいたお客様の声を活用すると、BENEFIT（利益）が伝わります。感謝の手紙の束、お客様の喜びの声の「動画」などを事前に集めておきましょう。

## （5）商品を使った自分の感想を伝える

たとえば、

「この美容液は最新のもので、いままでのものに比べると、肌のハリが全然違います」

このトークには、感想がないので説得力がありません。

これに自分の感想を加えると、

「この美容液は、いままで抽出できないとされていた『○○○○』という成分を△△大学で特許をとって開発して、今年発売された新商品で、す～ごいんです！

私ももちろん購入したんですが、肌が『ピーン』と張って、ツヤツヤ感、プルプル感、びっくりするほど肌の透明感がすごいんです！『20代の肌みたいになったね！　どうしたの？　彼氏でもできたの？』って、友だちの評判もすごいんです！」

このように、自分の感想を伝えると、さらに商品説明が魅力的になります。

# EXPLANATION（説明）とCONFIRMATION（確認）

EXPLANATION（説明）は簡単です。

**商品説明の際、お客様に「どうしてですか？」と聞かれたら、FEATURE（特徴）、ADVANTAGE（特長）、BENEFIT（利益）に戻って、もう一度説明するということです。**

そして最後にCONFIRMATION（確認）です。

商品説明で何か質問があるか、見込み客に確認するステップです。

いわゆる「テストクロージング」です。

**「何か、ご質問はありますか？」**

**「何かおわかりにならないことはありますか？」**

など、テストクロージングをしましょう。

## 商品説明の具体例

では、車の営業マン（トヨタ車のプリウス）の例を見てみましょう。

**営業**

「プリウスはハイブリッド車ですので、ガソリンエンジンだけでなく、ハイブリッドモーターで動いています。従来のガソリン車に比べて、エンジンの負担が少ないんです」

**※ほかと比べて目立っている点（FEATURE＝特徴）**

**お客様**

「なるほど」

**営業**
「ハイブリッド車のプリウスの一番の売りは燃費です。燃費がいままでのお車の倍になるんです。ですから、ガソリン代がものすごく浮くんです。
月に1万円のガソリン代だったら、月5000円浮きます。5000円×12か月ですから、年間6万円もお得ですよ！　いまでしたら、エコカー減税やグリーン化特例などが適用されるので、12〜13万円もお得なんです！」

**※ほかよりもとくに優れている点（ADVANTAGE＝特長）**

**お客様**
「それは、すごいですね」

**営業**
「そうなんです。お値段的にお得なのはもちろん、先ほど、お客様は、
『閑静な住宅街に住んでいるので、ご近所のことを考えると車のエンジン音が気になる。とくに夜は、エンジンをかけてセルが回るときのキュルキュルという音がかなり気になる』

とおっしゃってましたが、プリウスはハイブリッド車ですので、セルを回さずに、モーターのみで始動するので、とても静かなんです。ご近所を気にするストレスもなくなります。もちろん、運転のときのエンジン音も気にならないほど静かなので、運転もゆとりが出て、ドライブも楽しめますよ。

では、試乗してみましょうか？（実際の車をお見せしながら説明。試乗などで体感）」

**※ヒアリングで聞いたお客様のニーズとウォンツを商品説明に入れる（BENEFIT＝利益）**

**お客様**

「う～ん。ちょっと普通と違ったのが欲しいんですよね」

**営業**

「ですよね！　先ほど『普通の車とちょっと違ったのが欲しい』とおっしゃってましたよね。なので、ハイブリッドのプリウスがぴったりです。

というのも、昔は高級外車がトレンドでしたが、最近はお金持ちの人が、ベンツでもBMWでもなく、プリウスを買われるんですよね。

『どうしてですか？』とお聞きすると、『ハイブリッド車に乗って、地球環境も配慮してるという〝環境に対する意識の高さ〟がかっこいいんだよね』とおっしゃるんです。ですから、○○さんのような、違いのわかる方に乗っていただきたいんです」

**※「どうしてそうなの？」と聞かれたら、特徴・特長・利益に戻って説明（EXPLANATION＝説明）**

**営業**

「何か、ご質問はございますか？」

**※商品説明のテストクロージング（CONFIRMATION＝確認）**

**お客様**

「大丈夫です」

## 第5章まとめ

・商品説明は「FABECの公式」が効果的

・F：特徴（FEATURE）→ほかと比べて目立っている点

・A：特長（ADVANTAGE）→ほかよりも優れている点

・B：利益（BENEFIT）→顧客のニーズとウォンツに直結させる

・E：説明（EXPLANATION）→どうしてそうなの？と聞かれたら特徴・特長・利益に戻って説明

・C：確認（CONFIRMATION）→商品説明のテストクロージング

# 第6章

# 台本営業®ステップ4「クロージング」

## トップセールスは「断られること」に対して、どう考えているのか？

では、ステップ4の「クロージング」にいきましょう。

営業が苦手な人は、クロージングに苦手意識を持っている人が多いです。

**そして「クロージング」に対する苦手意識は、そもそも「クロージングスキル」を知らないことはもちろん、「反論（お客様の検討要望）を切り返せないので、クロージングが怖い」というのが大きな原因なことが多いのです。**

「反論処理（反論解決）」は次のステップ5で体得していただきますが、まず「断り」に対するマインドセットがクロージングをする上で重要なのです。

最初に「断りとはどういうことか？」というと、単純に、お客様はあなた（営業マン）の本気を試しているだけなのです。

たとえば、恋愛心理で考えてみればわかりやすいと思います。
男性が女性に告白しているシーンを想像してください。

**男性**「好きです！」
**女性**「本気なの？」
**男性**「本気だよ！」
**女性**「遊びじゃないの？」

**男性**
「ずっと、好きだったんだ！」

というやり取りは自然ですよね。
このように、お客様はあなたの「本気度を試している」だけなのです。

話をクロージングに戻すと、いままでのクロージング話法は「いかに決断させるか？」という決断トークを磨いていました。だから、営業マンもお客様もお互いにストレスだったのです。
これからあなたが体得するクロージングは、「どちらを選んでいただくか？」という「選んでいただくクロージング」なので、ストレスがまったくありません。

**「AとB、どちらがいいと思われますか？」というように「選ばせるクロージング」をすることで、お客様にも営業マンにもストレスなく契約へと導いていくのが、最新のクロージングテクニックなのです。**

## 選ばせるクロージングの5ステップ

では、早速「選ばせるクロージング」を体得しましょう。
この「選ばせるクロージング」テクニックは超簡単です。

**・ステップ1：「予算感」をさりげなく伝える**

お客様によっては、その商品・サービスの予算感をご存じない方もいるので、金額提示をしたときに、あまりに予算感とズレていると「そんなの高くて、買えないよ」と、失注してしまう可能性があります。そこで、事前に予算感を伝えるということです。

予算感の伝え方は簡単です。

たとえば住宅の営業なら、

「通常、このエリアの新築マンションって、いくらくらいかご存じですか？」

のような感じでお客様にさりげなく聞きます。

**・ステップ2：複数プラン（松・竹・梅）から選ばせる**

昔は「決断させるクロージング」が主だったため、お客様も営業マンも互いにストレスがありました。ならば「A、B、C、どれがいいと思われますか？」と、松竹梅で選ばせればいいのです。

たとえば「300万円、200万円、100万円とプランがありますが、どれがいいと思われますか？」と選ばせるクロージングです。

**・ステップ3：高い金額から提示する（事前に調査したギリギリ高額）**

金額提示の原則は、高い金額から提示します。

なぜかというと、低い金額から徐々に高い金額を提示すると、お客様は「この後、高い商品を提示されるんじゃないかな？」と心配になる可能性があるからです。簡単な金額提示の方法は、高い金額から提示する方法なのです。

**・ステップ4：選択をほめて、理由を聞く（自己説得）**

たとえば、お客様が「Bプランのほうがいいです」と言ったら「さすがですね」とほめます。

そして次は「どうしてそう思われましたか？」と質問します。

「○○という理由で、いいと思いました」と答えたら、「なるほど、さすがですね」とほめて、自己説得してもらうのです。

**・ステップ5：値引き（サービス）交渉を残して、お客様に勝たせる**

「値引き」がもしできるのであれば、値引き分を交渉のカードとして残しておくやり方もあります。目的は、交渉で「お客様に勝った気持ちになってもらう」ことです。「値引き」でなく、追加サービスでも構いません。

以上が「選ばせるクロージング」の5つのステップです。

すごく簡単ですよね。ぜひやってみてください。

# 選ばせるクロージング具体例

では、人材教育会社の営業マンの、「選ばせるクロージング」の具体例を見ていきましょう。

**営業**

「ちなみに、企業で導入する人材教育の研修費用というのは、人数や期間、もちろん内容などによっても差があるのですが、年間で5～600万円とか1000万円くらいが相場です」

**※ステップ1「予算感の提示」**

**お客様（人事教育担当）**

「あ、そうなんですね。そんなに高いんですか……」

**営業**
「そうなんですよ。でも今回御社は当社の研修が初めてですから、いきなりフルパッケージは厳しいと思うので、特別に御社用のお試しプランをお持ちしました」

**お客様（人事教育担当）**
「ありがとうございます」

**営業**
「それでは、○○を重視したAプランの研修費用が300万円、△△のBプランが200万円、とにかく□□しようというのがCプランで100万円になります。この3つのプランだったら、どれがいいと思われますか？」

**※ステップ2「複数プランから選ばせる」&ステップ3「高い金額から提示する」**

**お客様（人事教育担当）**
「そうですね。やっぱり、Aプランがいいですね！」

**営業**

「さすがですね！　ちなみに、どうしてAプランがいいと思われたんですか？」

**※ステップ4「選択をほめて、理由を聞く」**

**お客様（人事教育担当）**

「Aプランが当社の実情にぴったりだと思ったのです」

**営業**

「さすがですね。私も御社にはAプランが最適だと思います。それでは、今回は消費税分はサービスさせていただきます」

**※ステップ5「お客様に勝たせる」**

**お客様（人事教育担当）**

「え、ありがとうございます！」

**営業**
「それでは、スタート時期ですが、○月と△月と□月と、どこがいいとお考えですか？」

**※ステップ2「複数プランから選ばせる」**

このように選ばせて選ばせて、最後にサインをもらえばいいのです。

**この「選ばせる」というのが、クロージングの革命です。**

昔は決断トーク、つまり「決めてください！」というクロージングトークを営業マンは、一生懸命磨いたのですが、直接的すぎたので、お客様も営業マンもお互いにストレスでした。

しかし、「選ばせるクロージング」では、望んで選んでいただくだけですから、お互いにストレスがないのです。

# 選ばせるクロージング注意点

ここで、クロージングの注意点を2つご紹介します。

**・注意点1**

**「お客様はクロージングでモチベーションが下がる」**

商談が始まって、「人間関係構築」「ニーズの深掘りとウォンツアップ」「商品説明」までいけば、お客様の買いたい気持ちが上がります。

しかし、ここまできてから「クロージング」によって金額を知るので、お客様は必然的に買いたい気持ちが一度ガクッと下がります。

ですので、お客様の購買意欲が下がっていることが感じられたら、「こちらがいいです！」ではなく「もし買うとしたら」のようにウォンツアップを再度実施して、買いたい気持ち、モチベーションをもう一度上げないといけません。
金額提示で気持ちが下がったままだと購買には至りません。だから後半部分で気持ちを盛り上げる必要があります。

**・注意点2**
**「お客様は真ん中の価格帯のものを選びやすい」**

2つめの注意点は、松竹梅の3つのプランを提示された場合、お客様は真ん中の価格を選ぶことが多いという点です。ですから、本当におすすめしたいプランを真ん中に提示するようにしましょう。

この2つの注意点を頭に入れて、選ばせるクロージングに、チャレンジしてみてください。

## クロージングテクニック応用編1
# 「アクションクロージング」

では、次は「選ばせるクロージング」の応用編をご紹介します。

まずは「アクションクロージング」です。

やり方は簡単です。

**契約書や申込書にサインをいただくときに、「お客様にペンをお渡しする」というクロージング技法です。お客様がペンを受け取れば、承諾したことになります。**

ここで、ポイントは、

## ポイント1「自然にふるまう」

勢いよくペンを渡されると、お客様は緊張してしまいます。あくまで自然にふるまい、さりげなく渡しましょう。

## ポイント2「事前に契約書をチラつかせておく」

いきなり、ペンを差し出すとお客様もびっくりしてしまいます。

ポイントは、お客様との面談中に契約書や申込書をさりげなく見せておくことです。

契約書や申込書をチラ見せすることによって、お客様は真剣に商品購入について考えます。

そして、テストクロージングを組み合わせることで、ひやかし客（本気で商品購入を考えていない）をプレゼン途中で排除できます。

見込み客でない人間に時間をとることほど、営業マンの無駄はありません。

## ポイント3「細部にこだわる」

「アクションクロージング」の注意点で、私の失敗談をお話しさせてください。

私がセールス初心者のときに、このアクションクロージングを知って、クロージングの最後に、お客様にペンを差し出したのです。
そうしたら、お客様がペン先をじっと見つめてひと言。
「考えます」
そのまま検討になり、失注してしまったのです。
何が起こったと思いますか？
なんと、ペンの芯が出ていなかったんです！
たったそれだけで、失注になるきっかけを与えてしまったのです。
お客様に考える隙を与えると、このようなことになりかねません。
「神は細部に宿る」という言葉があるように、あなたも細部にこだわってください。

## クロージングテクニック応用編2
# 「アサンプティブクロージング・肯定暗示法」

クロージングの基本の考え方はなんだと思いますか？

それは「誘導」です。

お客様はあなたの商品・サービスを扱ったことがありません。

ですから、あなたの説明を100％理解し、納得したとしても、未知のことを不安に思うのは当然です。ですから誘導する必要があるのです。

トップセールスはクロージングする際に誘導する話法、アサンプティブ（みなし）クロージング・肯定暗示法を使っています。

**アサンプティブ（みなし）クロージングとは、お客様が「買う」という前提を勝手につくり、自然に話を進めてしまうクロージング話法です。**

次の会話を見てください。

**営業**
「いつごろお届けすればよろしいでしょうか？」

**お客様**
「じゃ、土曜日の午前中に」

どうでしょう？　自然な会話ですよね。

しかし、じつはこの段階では、お客様は明確に「買う！」という意思表示をしていなかったとしたらどうでしょう？

**営業マンが、「買う」という意思表示をしたものとみなして話を進めると、お客様は「まだ買うと言ってません」と言えず、なんとなく商談が進み、説得されてしまう人もいるのです。**

ただし、強引な話法ですので、実際の現場では買う気があるかはっきりしないお客様の購買意欲を確認するための話法です。

次にダメな事例を見てみましょう。

**営業**
「お話にご納得されているようですので、いつごろスタートしようとお考えですか？」

**お客様**
「そうですね、もしスタートするとしたら来週からですかね」

**営業**
「わかりました。それではいいタイミングですので、来週からスタートしましょう！」

「もしスタートするとしたら」というセリフから、お客様の気持ちは固まっていないのがわかりました。ですから、この段階でクロージングをしたら失注してしまいます。もう一度「ニーズの深掘り」「ウォンツアップ」「商品説明」などの営業トークの前半に戻り、盛り上げる必要があることがわかります。

## 第6章まとめ

- 選ばせるクロージング ステップ1：「予算感」をさりげなく伝える
- 選ばせるクロージング ステップ2：複数プラン(松・竹・梅)から選ばせる
- 選ばせるクロージング ステップ3：高い金額から提示する
- 選ばせるクロージング ステップ4：選択をほめる、そして理由を聞く
- 選ばせるクロージング ステップ5：値引き(サービス)交渉を残す

第7章

# 台本営業®ステップ5
# 「反論解決」

# 反論解決は必ず想定しておく

では、5ステップの最後「反論解決」にいきたいと思います。

お客様から、クロージングの最後に「検討したいんですけど」と言われたら、凹みますよね。準備していなかったらそのまま「では、のちほどお返事ください」と先延ばしにして失注してしまいます。そんなときにどうするか？　という魔法の公式を体得しましょう。

反論解決には、4つのステップがあります。

**・ステップ1：質問により検討（反論）の状況を明らかにする**

「検討したいんです」と言われたら、「どんなところをお考えですか？」と聞きます。何を検討したいのか？　を明らかにするのです。

**・ステップ2：反論に共感し、ほめることで、心を開いてもらい、聞く態勢をつくる**

たとえば「お金が……」と言われたら、「わかります！　そのようにお考えだったんですね」と共感します。そして「○○さんは、金銭感覚がしっかりしていて素晴らしいですね」というようにほめて、お客様が営業マンの話を聞く態勢をつくります。

**・ステップ3：提案する**

たとえば、「ほかのお客様も、最初は○○とお考えでしたが、△△という理由でスタート（購入）されたんですよ」と提案します。

**・ステップ4：お客様が提案を受け入れるメリット（明確な理由付け）を話す**

「なぜなら、これこれこうで……ですよ」というように、理由（メリット）を話します。

この4つの流れで反論処理をして、最後にもう一度クロージングをするのです。

では、それぞれのステップをご紹介していきましょう。

## 反論解決ステップ1「質問により検討（反論）の状況を明らかにする」

反論解決のステップ1では、「お客様がどのような状況か？」を質問する必要があります。

- **なぜ、検討しようとしているのか？**
- **お金なのか（総額が高いのか？　月々の支払いが高いのか？）**
- **期間（納期）なのか？**
- **反対している人がいるのか（決裁権者が別にいるのか？）**
- **中身で気になるところがあるのか？**

お客様が検討しようとしてることがわからなければ、解決のしようがありません。

書くと当たり前なのですが、とくに新人営業マンの多くは勝手にびびってしまって、お客様に聞くことができない、または、そもそもお聞きしないということがあるのです。「検討します」と言われて気持ちが凹んで、何もしないで帰ってくる場合が多いです。

ということで、反論解決がスタートすらしない場合がほとんどなのです。

ですので、マインドとしては、「反論・検討が来るのが当たり前だ！」という気持ちでプレゼンに臨んでください。

この質問のポイントですが、かわいらしく、やさしく、笑顔で、

**「検討中ということですが、お考えのことはどんなところですか？」**

といったように聞いてください。

あなたと人間関係ができていたら、きっと教えてくれるはずです。

## 反論解決ステップ2「反論に共感し、ほめることで、心を開いてもらい、聞く態勢をつくる」

お客様の反論に、まず「共感」するからこそ、心を開いてくれて聞く態勢ができます。

反論解決のステップ2は、お客様から検討したい理由を聞いたあとに「共感」することです。


「**そうですよね～、わかります。お金が払えるかどうかは重要ですからね**」

「**そうですよね～、旦那さんの理解が得られるかどうかが心配なんですよね**」

「**そうですよね～、私も同じような経験がありましたから**」


このように、全力で共感してください。

そして、ほめるのです。

**「さすがですね！　費用対効果をしっかりお考えなんですね！」**
**「ご家族を大切にされて、素晴らしいですね！」**
**「慎重にものごとを判断されて、素敵だと思います！」**

こんなふうに、相手の検討理由を承認してあげましょう。

お客様は「検討したいんです」と言ったことで、あなた（営業マン）から嫌な顔をされると思っています。

そんなときに、逆に心からほめられたことで、お客様はあなた（営業マン）の話を「聞く態勢」になるのです。

## 反論解決ステップ3「提案する」

そもそも、想定できる反論の種類はそう多くありません。
じつは、大きく分けると４つ程度が主になります。

**（1）そんなに必要ない**
**（2）急いでいない**
**（3）お金がない**
**（4）高い**

「お金がない」と「高い」は一緒じゃないの？　と思われた方もいるかもしれませんが、じつは反論の仕方としては、この2つは種類が違います。のちほど説明しますね。

では、それぞれ、対処方法を具体的に考えていきましょう。

## (1) そんなに必要ない

お客様から、「必要ない」と言われたときどうするか？

購買心理学上では、じつに約85％のお客様は、はっきりした欲求を感じていないことがわかっています。

**つまり、お客様ご自身でも、漠然と「なんとかしたいなぁ〜」と思っていながら、はっきりと「自分は何がしたいのか？」「自分はどうすべきなのか？」をわかっていない場合がほとんどなんです。**

この断りは最もよく持ち出されるものでありながら、じつは最も回避しやすいものです。

つまり「ニーズの深掘り」に戻り、注意深く「ニーズの深掘り」をすることにより、あなたの商品がお客様に必要だと認識してもらい、「本気で（重要度）なんとかしよう！」と決意させることができればよいのです。

人は変化への恐れを抱いています。「本気で変わらなければいけない！」と、お客様に思ってもらうことがキモになります。

## (2) 急いでいない

お客様から「急がないから」と検討を言われたときに、どのように反論処理(検討を切り返す)をするかを考えましょう。

時間稼ぎをする、先延ばしにするのは人間として自然なことであり、「急がないから」という断り文句はお客様の典型的な答えです。

つまり、お客様が買いそうだと思える態度に、だまされてはいけません。

では、どうすればいいか?

答えはカンタンです。

「ニーズの深掘り」があまかったのです。

「ニーズの深掘り」のゴールを覚えていますか?

・**緊急度(今すぐ!)**

・**重要度（本気で！）**

でした。

お客様がいますぐこの状況を改善したい（緊急度）」というところまで、丁寧にニーズを深掘りましょう。「第三者話法」を活用するなど、「ニーズの深掘り」を再度実践してください。

そうすれば、お客様は「急いでいない」とは言えないなのです。

**そして、次回からは、テストクロージングをしっかりおこないましょう。**

クロージングに入る前に、

「では○○さん、これから△△という当社のサービスについてお話ししますが、○○さんがいいな〜と思われたら早速スタートしてくださいね！　いいな〜と思わなかったら、もちろんお断りいただいて結構です。よろしいですか？」

このように、テストクロージングをしましょう。

もし「いますぐじゃないです」と、お客様がおっしゃったら、そのままクロージングしても絶対に成約しません。

その場合クロージングに進まず「ニーズの深掘り」を再度丁寧に実施して、「緊急度（いますぐ）」を再確認しましょう。

具体的には、トークを先に進めずに「いまの状況のままだったらどのようなデメリットがありますか？」とか「リスクマネジメント的な観点から伺いたいのですが」などと聞いて、「急ぎでない」という反論を解決しましょう。

## （3）お金がない

「お金がない」という検討理由はあまりに大敵で、「切り返しようがない」と思われがちです。

**しかし、お客様が「お金がないんです」と言ってくれた場合は、本音を言ってくれているということです。つまり、あなたと人間関係が構築されているということなのです。**

むしろ、切り返すのが本当に難しいのは、検討理由を言ってくれない見込み客です。

たとえば、あなたの大切な人を想像してください。

その大切な人が、重大な病で手術をしなければならないとします。

手術をしないと生命に問題がある病だとします。

そのとき、2人の医師による手術の選択肢があるとします。

- **A医師：手術費用：100万円　成功確率：99・9％**
- **B医師：手術費用：10万円　成功確率：10％**

どちらの医師に手術をお願いしますか？　もちろんA医師ですよね。

大切な人であれば、どんなことをしてもお金を集めようとしますよね。つまり「緊急時」であれば、誰でもお金を捻出できるということです。


考え方としては、「ニーズの深掘り」に戻り、お客様に、

- **緊迫感を感じさせ（緊急度、いますぐ！）**
- **費用を払うのもかまわない！（重要度、本気で！）**

と決意を促すことが大切です。


つまり、お金はあるのです。重要なので何度も繰り返します。お金はあるのです。

お客様の懐具合を勝手に考えて、あなたの良い商品・サービスをおすすめしないということ

がないようにしてください。お客様は、あなたの覚悟を試しているんです。

参考になる事例をご紹介します。

---

**営業**
「○○さん、それでは、お金以外の点で見ると、当社のサービスをスタートしてみたい（購入してみたい）というお気持ちは強いですか？」

**お客様**
「はい、スタートしたいんです！（購入したいんです！）」

**営業**
「そうですよね！　では、スタート（購入）にあたり、具体的な事務手続きについてご協力させていただきます！」

このひと言で、お客様のために、支払い方法について協力して相談に乗ってあげるというスタンスになります。

支払い方法の聞き方は簡単です。

「一括と、分割でどちらがご希望ですか?」

と聞きます。

お金にお困りであれば、ほとんどの方が「分割で」とおっしゃるので、カード払いをおすすめします。なぜ、カードを使用しての分割をご提案するかというと、

**・支払い依頼の事務手続きの煩雑さの解消**

**・支払いを一方的に止めてしまうリスクの解消**

があるからです。

ある程度の回収金額になったら、カード決済代行会社に依頼し、カードで商品購入できるようにしましょう。

しかし、カード払い・分割払いの注意点は、あくまでお客様と、

**・信頼関係が構築できていること**

**・商品をスタートしたい気持ちの確認ができていること**

が大前提になります。

また、強引すぎるセールスはただの売り込みになるので、「お客様のために」というスタンスを絶対に忘れてはいけません。

重要なことは、

- **お客様に商品ご購入の希望がある**
- **支払いについてはさまざまな方法がある**

ということです。

## ④ 高い

「お金がない」と混同しがちなお客様の検討文言が「高い」です。

**「お金がない」のは、支払い能力がない、もしくは支払うのがキツイという意思表示ですが、「高い」とは、「提示された商品サービスが価格に見合っていない」という意思表示の可能性があります。**

もちろん、お客様自身が明確に考えているわけでなく、あいまいに考えている場合がありますので、お客様の考えを明確化するところからスタートしましょう。

お客様から「高い」と言われたときは、商談の前半がおかしかったはずです。ですので、商談・プレゼンの前半のヒアリング段階にさかのぼって考えるのが基本です。

商談・プレゼンの前半にさかのぼるということは、お客様が真に欲しているのは何か？　再度ヒアリングに戻るということです。

単純に「お客様の希望・要望」と「商品・サービス」があっていない可能性があります。再度、丁寧にヒアリングをし直してください。

それでは、具体的にトークをご紹介します。

私が、実際にある企業に営業コンサルに入って、売上が前月比200％以上になった方法です。**それは「商品の特徴を伝える」のではなく、商品の「メリット」を「わかりやすく印象的」に伝えることなのです。**

先日、動画編集用にノートパソコンを購入しました。

値段は約40万円。「ノートパソコンにしては高いなあ」と思いました。

販売員の方の説明で逆に迷ってしまったので、動画作成編集の専門家に、その場で電話で相談しました。そうしたら、このように言われました。

「加賀田さん、それは、ただのパソコンではありません。動画編集の専門機器なんです。最高の動画編集のプロを雇ったと思ってください。加賀田さんも一流のプロフェッショナルなら機器も一流をそろえてください」

すごいトークですよね。さすがです。落とされました。

普通の営業であれば商品の特徴を「あれでもない」「こうでもない」と説明しがちです。しかし、お客様が知りたいのは自分にとっての「わかりやすい」「メリット」です。

たとえば、人材紹介ビジネスであれば、リクナビなどのウェブ求人サイトに、2週間掲載すると150万円ほどかかるのが相場です。

「150万円か、高いな〜」

**営業**
「そうですね。高いと思われるかもしれませんね。でも社長、これは普通の求人募集ではないんです。社長の右腕を探すものなんです」

社長の右腕、つまり会社を支え、発展させ、右肩上がりに売上を上げてくれる、そんな逸材が150万円で見つかったら安いですよね。

もちろん、お客様のメリットを伝えたあとは、商品の特徴を説明する必要があります。重要なので繰り返します。

**お客様から「高い！」と言われたら、商品の特徴をくどくど説明するのではなく、あなたの商品の価値を「お客様のメリットとして」「わかりやすく」「印象的に」伝えてください。**

## 反論解決ステップ4「お客様が提案を受け入れるメリット（明確な理由付け）を話す」

反論処理、最後のステップ4、提案を受け入れるメリット「明確な理由付け」についてです。

お客様を勢いで言いくるめて、その場で「イエス」をもらったとしても、お客様が心の底から購入に納得していないと、契約後にキャンセルが発生する可能性が高まります。

契約直後、お客様の記憶はものすごい勢いで失われていくのです。

**お客様が心底納得されて、簡単に実行できる理由付けをしないと、一時的に感情が盛り上がって契約したとしても、のちほどキャンセルする可能性が高まるのです。**

それを避けるためには、お客様が納得して「自分から購入した」と思えるための明確な理由付けが必要です。

不動産の営業マンを例に、ひとつ営業トークを見てみましょう。

**営業**

「『そうは言ってもお金がかかるし……』というお言葉はよくいただきます。ちなみに○○さん、『史上最低金利』とか、『ゼロ金利』って聞いたことありますか？」

**お客様**

「はい、なんとなく」

**営業**

「金利が低い現在は、住宅ローンが借りやすいし、お得ってことです。逆に、私たちの親世代、バブル期はお金を貯めて、頭金を用意してから家を建てるのが当たり前の時代だったんです。バブル期の住宅ローン金利は最高が8・9％もあったので、3500万円借りて35年ローンだと、なんと総額が約1億1400万円にまで膨れ上がってしまったのです！　なんと半分以上が金利で、総額が3倍以上になってしまう計算です！　だからバブル期はどんなに大金持ちでも、頭金が20％ないと家が買えなかったんです！

たとえば5000万円の家を買うとしたら、1000万円を頭金で入れなきゃなんないんです！　普通の人が1000万円貯めるって、なかなかできないですよね？」

**お客様**

「そうですね！」

**営業**

「バブル期の金利8・9％で、3500万円の物件を35年ローンで計算すると、総額は1億1400万円。月々だと約27万円です！

でもいまはゼロ金利、史上最低金利の時代です。

金利が0・5％で、3500万円を35年ローンで借りると、総額約3800万円。月々にすると、わずか約9万円です（2019年現在、ネット銀行だと0・4％台のところもあり）

同じ3500万円の物件でも、バブル期といまの総額の差額は1億1400万円と3800万円なので、7600万円！　月々だと27万円から9万円を引いて18万円も違うんです！

頭金なし！　ボーナス払いなし！　史上最低の金利！

こんなのは、日本という国がはじまって以来の異常事態なんです！」

**お客様**
「なるほど」

**営業**
「ちなみに、消費税とかは、事前に発表がありますよね！　最近だと、『10月から消費税が上がりますよ』って！　だけどこの「金利」は、発表なしでいきなり上がるんです！　いつこの金利が2％、3％とかそれ以上になるかわからないんです！　だから金利が最低まで落ち込んでいるいまは、家を買ったほうが得！　じゃなくて、家は買わないと損！　もったいないんです！」

**お客様**
「そうなんですね！」

**営業**
「同じ払うお金だったら、２ＤＫのアパートに払い捨てのお家賃と、３ＬＤＫで駐車場もついていて、なにもかもが新品で家賃と変わらないような金額だったら、どちらがお得だと思いますか？」

**お客様**
「そりゃあ、新しい家のほうに払うのが得ですよね」

**営業**
「そうですよね。それでは、家賃を払ってアパートに住んでいるのと、ご自分の城になるマイホームを買うの、どちらのほうがいいと思われますか？」

**お客様**
「もちろん家を買うほうがいいよね」

**営業**
「そうですよね！　では、こちらにサインをお願いします」

ここまで説明できれば、お客様が提案を受け入れるメリット（明確な理由付け）を話せたことになります。

さて、反論解決・反論処理について学んできました。

では、質問です。

反論処理が終わった後、何をしますか？

そう、クロージングです。

**営業初心者は、反論処理後、肝心なクロージングを忘れてしまって、訳がわからず、商談が終了していることが意外と多いのです。**

ですから、反論処理後には必ず、「AとBのどちらがいいと思われますか？」と、選ばせるクロージングをあなたの営業台本に入れましょう。

## 第7章まとめ

・反論解決には、4つのステップがある

・反論解決ステップ1「質問により検討（反論）の状況を明らかにする」

・反論解決ステップ2「反論に共感し、ほめることで、心を開いてもらい、聞く態勢をつくる」

・反論解決ステップ3「提案する」

・反論解決ステップ4「お客様が提案を受け入れるメリット（明確な理由付け）を話す」

最後までお読みいただき、ありがとうございました。
おさらいしましょう。
営業の成約率を80％以上にするためのポイントは3つあります。

- **ポイント1：購買心理を理解する**
- **ポイント2：売れる「営業台本」を作成する**
- **ポイント3：フィードバックを受けて改善し続ける**

商品が売れるということは「自分が売れる」ということです。
自分が売れると、自信が持てます。
自分に自信が持てるということで、人生の主導権を自分が持つことが可能になります。

私のミッションは、良い商品を持っているのに売り方がわからず苦しんでいる人のために、自然にお客様の「欲しい」を引き出す台本営業®メソッドを学び合える「ミリオンセールスアカデミー®」の活動を通して、日本の営業を変えることです。

あなたが、

「そうは言っても、営業は難しいな」

「心配だな、できるかな」

と思っても大丈夫。そのために私がいます。

私はあなたのそばにいて、いつもあなたを応援しています。一緒に前進していきましょう。

いつかどこかで、リアルなあなたとお会いできる日を楽しみにしています。

あなたの営業コンサルタント　加賀田裕之

著者プロフィール

## 加賀田裕之（かがた・ひろゆき）

営業コンサルタント。ホームメンターズ株式会社代表取締役社長。ミリオンセールスアカデミー®代表。NLPトレーナー。大学卒業後、体育会系の営業会社にて高額商材のセールスマンとなるが、まったく売れず、250万円の自社商材を自分で購入するほど追い込まれる。「もう辞めるしかないな」と思ったときに、トップセールスから営業極意を伝授され、人生を逆転。その後はみるみるうちに売れるようになり、１００億円企業の営業マネジャーとして、部下２０名のチームを連続優勝させ、新規事業部の責任者に任命。初年度年商1億円を達成。その後、IT事業会社で、部下約20名を束ねる営業マネジャーとなり、さらに部下約100名、年商25億円の事業会社の事業部長として結果を出す。口下手、人見知り、営業が苦手の方でも自然にお客様の「欲しい！」を引き出す営業スキルをお伝えしたい、と独立。独自の「台本営業®」メソッドは朝日新聞等でも紹介。１３年苦しんだ対人恐怖症営業マンが、セミナー後、前月比５００％の契約獲得、元キャバ嬢でも歩合給が月に３００万円以上になるなど、「モンスター営業マン製造工場」の異名をとる。本書が初の著書。

ミリオンセールスアカデミー®
https://million-sales.com/

# 営業は台本が9割

2020年 2 月 1 日　第 1 刷発行
2024年 4 月15日　第14刷発行

著　者　　　加賀田裕之

発行者　　　櫻井秀勲
発行所　　　きずな出版
東京都新宿区白銀町1-13　〒162-0816
電話03-3260-0391　振替00160-2-633551
http://www.kizuna-pub.jp/

協力　　　　合同会社DreamMaker
ブックデザイン　池上幸一
印刷・製本　　モリモト印刷


ISBN978-4-86663-099-1

きずな出版